5G+
智慧物流

赋能物流企业数字化转型

周 扬 吴金云 李 强◎著

人民邮电出版社

北 京

图书在版编目（CIP）数据

5G+智慧物流 ： 赋能物流企业数字化转型 / 周扬，
吴金云，李强著. -- 北京 ： 人民邮电出版社，2023.9
（5G产业赋能丛书）
ISBN 978-7-115-61947-1

Ⅰ. ①5… Ⅱ. ①周… ②吴… ③李… Ⅲ. ①第五代
移动通信系统－应用－物流管理－研究－中国②智能技术
－应用－物流管理－研究－中国 Ⅳ. ①F259.221

中国国家版本馆CIP数据核字(2023)第105871号

内 容 提 要

　　本书以"物流+科技"为核心切入点，深度剖析5G、大数据、区块链、AIoT等新一代信息技术与物流领域的融合创新，分别从5G+智慧物流、IoT+智慧物流、智慧物流设备、智慧仓储配送、智慧冷链物流、智慧供应链6个维度，全面阐述我国智慧物流领域的技术应用、商业模式与实践路径，旨在帮助物流企业实现转型升级，从而降低运营成本，提高运营效率。

　　本书可供物流领域的管理人员、技术人员阅读参考，也可作为物流管理和供应链管理相关专业的教学用书。

　◆ 著　　　　周 扬　吴金云　李 强
　　　责任编辑　王建军
　　　责任印制　马振武
　◆ 人民邮电出版社出版发行　　北京市丰台区成寿寺路 11 号
　　　邮编　100164　电子邮件　315@ptpress.com.cn
　　　网址　https://www.ptpress.com.cn
　　　三河市兴达印务有限公司印刷
　◆ 开本：700×1000　1/16
　　　印张：12.75　　　　　　　　2023 年 9 月第 1 版
　　　字数：199 千字　　　　　　2023 年 9 月河北第 1 次印刷

定价：69.80 元

读者服务热线：**(010)81055493**　印装质量热线：**(010)81055316**
反盗版热线：**(010)81055315**
广告经营许可证：京东市监广登字 20170147 号

前言

　　物流作为连接生产和消费的重要产业，能够将个体、平台与产品紧密连接。随着 5G 等技术的发展，各种新技术、新模式、新业态不断涌现。智慧物流基于 5G、IoT、大数据、云计算、区块链等新一代信息技术，能够重塑产业分工，实现物流服务的数字化变革，同时也能够助力整个物流产业链转型升级，迎来广阔的发展空间。具体到物流领域，智慧物流绝非扫码收派快递或者用传送带输送包裹那么简单，而是要全面打通各环节的信息流、物流和资金流，建设能够实现信息共享的数字平台，优化供应链管理，合理配置资源，通过更高效、更智能的作业形式，为用户提供优质服务。例如，全天候自动运行的无人叉车、灵活抓取货物的机械臂、在仓储领域大显身手的自动导引车（AGV）等。

　　2022 年 12 月，《"十四五"现代物流发展规划》正式发布，将智慧物流定义为基础性、战略性、先导性产业。智慧物流作为现代物流的必经之路，将成为我国"十四五"时期高质量发展的重要保障。

　　政策的指引、技术的推动及需求的提升，使我国智慧物流市场呈现高速增长态势。根据中国物流技术协会信息中心、中商产业研究院、智研咨询等多家机构提供的数据，2021 年，我国智慧物流市场规模为 6477 亿元。除了智慧物流整体市场规模，自动化物流系统市场规模、自动分拣设备市场规模、智能快递柜市场规模、全品类 AGV 市场规模等均实现了不同程度的增长。此外，与智慧物流相关的投融资规模也在不断上涨，2021 年，我国智慧物流投资数量共82 起，投资金额达到 519.76 亿元。在智慧物流领域的众多参与者中，除了物流行业领军企业、大学科技园及高能级科创平台，还涌现出一批成长极快的企业，例如灵动科技、快仓、极智嘉 Geek+ 等，它们立足于自身的资源或技术优势，聚焦智能仓储、物流机器人等细分领域，解决行业痛点，并取得了不错的成果。

当行业处于流动中时，企业能够更好地发现机遇。在智慧物流这一体量极大的行业中，企业切入方式不尽相同。智慧物流为何能够赋能物流企业数字化转型？又会如何发展？本书或许能给出答案。

本书的出版受到了 2023 年度浙江省"尖兵""领雁"研发攻关计划项目（项目名称：无人物流车及小型电动车电子驻车制动系统研发及应用；项目编号：2023C01254）的资助，本书主要介绍了智慧物流领域的相关技术和具体实践等内容，共包括 6 个部分。

- 第一部分：5G+ 智慧物流。5G 为物流行业的发展带来了全新驱动力，新一代物流行业以 5G 为支撑，驱动技术创新和产业升级，充分满足消费者日渐多样化、个性化的消费需求；同时，5G 具有高速率、低时延、大带宽等诸多优势，能够在技术和网络层面为物流行业与 AI 等技术的融合提供强有力的支撑。

- 第二部分：IoT+ 智慧物流。在万物互联时代，IoT 在物流行业的应用将改变物流企业的运作方式，加快建设智慧物流进程，带给人们更优质的物流体验。

- 第三部分：智慧物流设备。数字化、智能化的物流设备可以帮助物流企业高效解决生产效率低等问题。企业可以借助数字化的物流技术和物流设备为生产系统、物流系统、销售系统赋能，实现各个系统之间的连接和交互。企业还可以帮助用户企业实现数字化转型，最终全面加快产业链协同减排。

- 第四部分：智慧仓储配送。智慧仓库是一种在系统执行层当中融合了多种智慧设备技术的仓库，能够利用 AGV、货架穿梭车、智能可穿戴设备等高效完成收货上架、存储、拣选、集货、发货等工作。

- 第五部分：智慧冷链物流。冷链物流具有时效性强、复杂度高、成本高等特点，我国的智慧冷链物流模式是各个物流企业综合运用多种新一代信息技术对冷链物流进行智能化管理的体现。

- 第六部分：智慧供应链。智慧供应链是实现智能制造的必要条件和重要基础，它可以为原材料、产品的按期交付和精益制造提供保障。

　　本书不仅是笔者多年经验的总结，也是一个难得的机遇，让笔者有机会梳理我国近年来在智慧物流领域取得的成绩。相信在不久的将来，依托政策层面的支持、日益增强的科研实力和人才优势，我国物流领域的参与者必然能够研发出推动智慧物流发展的新技术，推出创新性高质量项目，让物流真正助力国民经济腾飞。

浙江科技学院　周扬

目录
■ Contents

第一部分

5G + 智慧物流

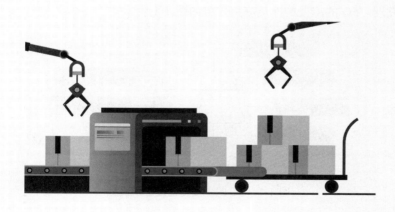

第1章　5G赋能：科技重塑新一代物流体系

 5G的主要特性及应用优势

5G具有高速率、低时延和大带宽等优势，因此，5G在物流领域中的应用必然能够为物流行业的发展提供助力，有效驱动物流行业向数字化、网络化、智能化方向发展。5G的主要特性及应用优势如图1-1所示。

传输安全性高
移动边缘计算
网络切片化服务
海量接入特性
传输时延低
5G
高速率数据传输
网络泛在能力强
功耗较低

图1-1　5G的主要特性及应用优势

传输安全性高

智能互联网是指融合了5G的互联网，具有安全、高效、快捷等优势，能够在网络传输过程中保障数据信息的安全。具体来说，5G 具有网络通信开放性低的特点，且 5G 的网络架构设置了严格的加密机制，能够为特殊用户提供安全通道，因此，通过 5G 来传输数据，能够提高物流信息的安全性。

移动边缘计算

5G 能够增强移动边缘计算的性能，大幅提高数据计算的高效性、准确性，以及资源分配的科学性、合理性，因此，基于 5G 的移动边缘计算技术在物流领域具有广阔的应用场景，能够推动物流行业快速发展。

网络切片化服务

5G 的网络切片化服务能够满足不同终端设备对通信的要求，并通过业务切片的方式调整物流行业中的各种物流应用场景的属性，以便各种物流应用场景中的各个功能模块灵活处理各项业务，进而满足物流行业中，不同业务对通信的要求。

海量接入特性

随着科技的发展，人们生活中的智能设备越来越多，例如门窗、门锁和家电等智能家居设备，智能交通领域的汽车，以及智能化的公共基础设施等。5G 能够支持海量终端接入，充分满足人们日常生产生活中的智能设备在网络方面的需求。

与此同时，5G 与 IoT 的融合也有助于物流中心实时监控并跟踪各个物流节点，加强物流体系与应用网络体系的融合，进而提高物流服务质量，驱动物流行业快速发展。

传输时延低

就目前来看，5G 已经实现了毫秒级通信，且随着网络技术的不断发展，未来 5G 的时延还将进一步降低。

无人驾驶和无人配送已经成为物流行业未来发展的重要趋势，5G 的应用有助于物流行业打破网络时延方面的限制，大幅提高各项物流业务的智能程度，进而为物流行业实现无人化作业提供助力。

高速率数据传输

5G 的应用能够大幅提高网络传输速率，优化用户体验。根据目前的 5G 性能指标，5G 网络的峰值速率理论上能够达到 10Gbit/s。

2019 年，我国进入 5G 商用元年。5G 网络能够为物流节点之间和底层硬件设备之间的通信提供强有力的支撑，大幅提高数据的传输速率，促进各项物流信息在整个物流体系中高效共享，进而为物流行业的发展提供数据层面的支持。

网络泛在能力强

5G 具有广泛覆盖和纵深覆盖的能力，能够应用于各种场景，为各个领域的各项业务提供高质量的网络服务。从理论上来说，5G 的广泛覆盖能力能够将网络延伸到更多的地区，包括人迹罕至的偏远地区；5G 的纵深覆盖能力能够进一步提高网络覆盖质量，消除信号死角。在物流领域，5G 的应用既能有效解决物流节点信息缺失的问题，也能在一定程度上为物流运输的安全提供保障。

功耗较低

5G 的应用有助于加快推动物联网设备大规模落地应用，提高物联网设备的用户使用质量：一方面，5G 中的增强机器类通信（eMTC）能够通过缩短时延来降低物联网设备之间的通信能耗；另一方面，5G 网络可以借助窄带物联网（NB-IoT）技术部署于全球移动通信系统（GSM）和通用移动通信业务（UMTS）等已有的网络架构中，从而进一步降低 5G 的能耗。

5G 可以凭借其低功耗的优势促进 IoT、传感器、射频通信等技术在物流行业大规模应用，进而为无线传感器网络在物流行业的各项业务、各个环节中的应用提供支持，助力物流行业高质量发展。

科技驱动下的新一代物流体系

5G 在物流行业的应用越来越广泛，基于 5G 的新一代物流体系主要经历 4
个发展阶段，如图 1-2 所示。

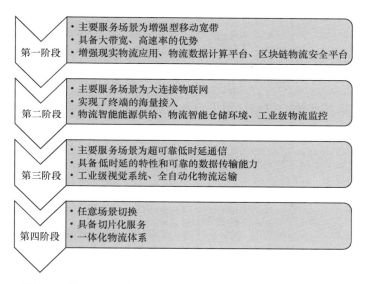

第一阶段
- 主要服务场景为增强型移动宽带
- 具备大带宽、高速率的优势
- 增强现实物流应用、物流数据计算平台、区块链物流安全平台

第二阶段
- 主要服务场景为大连接物联网
- 实现了终端的海量接入
- 物流智能能源供给、物流智能仓储环境、工业级物流监控

第三阶段
- 主要服务场景为超可靠低时延通信
- 具备低时延的特性和可靠的数据传输能力
- 工业级视觉系统、全自动化物流运输

第四阶段
- 任意场景切换
- 具备切片化服务
- 一体化物流体系

图 1-2 基于 5G 的新一代物流体系主要经历的 4 个发展阶段

- 第一阶段的主要服务场景为增强型移动宽带（eMBB），这一时期的物流应
  用场景在 5G 的支持下具备了大带宽、高速率的优势。

- 第二阶段的主要服务场景为大连接物联网（mMTC），这一时期的物流应
  用场景在 5G 的支持下实现了终端的海量接入。

- 第三阶段的主要服务场景为超可靠低时延通信（uRLLC），这一时期的物
  流应用场景已经具备了低时延的特性和可靠的数据传输能力，能够充分
  应对外界环境的变化。

- 第四阶段，基于 5G 的新一代物流行业能够利用切片技术在不同的业务场
  景之间切换，实现业务场景与物流体系的深度融合。

为了提高物流体系的智慧性、高效性,物流行业需要将 AI、IoT、大数据、云计算和区块链等技术融入物流的各个环节,构建共享短链式的物流体系;同时,将 5G 作为数据传输和信息通信的媒介应用于各种不同的场景,从而在新零售背景下进一步优化物流体系,促进零售业快速发展。

从物流行业的发展历程来看,消费和产业的升级,以及技术的创新是驱动物流行业革新的主要因素:在工业革命时期,技术改革的持续推进改变了传统的生产模式,商业生产逐渐形成规模,制造业企业逐渐占据了整个物流产业链的核心位置;随着经济的进步,商贸物流快速发展,商贸企业逐渐代替制造业企业成为物流产业链的核心;到了信息时代,物流业务的覆盖范围越来越广,消费者成为整个物流产业链的核心。

5G 的商用促进了新工业的快速发展,同时也为新一代物流行业的发展带来了全新的驱动力。新一代物流行业以 5G 为支撑,驱动产业升级和技术创新,以小批量、定制化的模式进行生产,充分满足消费者日益多样化、个性化的需求,进一步提高物流企业、电商企业和消费者三者之间的信息通信方式的高效性和多元性。

为了加快建设商家、行业和社会三者共生共荣的价值体系,新一代物流行业需要加强短链供应,大力发展自动化作业,提高物流服务的高效性、精准性、敏捷性,以及运营方式和决策方式的智慧性。

总而言之,物流行业应充分发挥带头作用,大力推动 5G 在行业中广泛应用。同时,物流产业链上的快递企业、物流企业、零售企业等主体也应预先制订应用计划,筑牢 5G 应用基础。新一代物流行业要以 5G 为技术基础优化物流服务,进一步提高物流服务的智能化程度,确保服务质量。5G 在物流领域的大规模应用主要具有以下作用。

从物流行业企业数量和物流服务质量方面来看,5G 在物流领域的大规模应用能够有效促进新一代物流体系与先进技术的融合,进而增强物流体系的物流服务能力,提高物流服务的精准性,确保物流行业的发展质量。从技术上来看,新一代物流体系融合了 AI、区块链、大数据、云计算等技术,以及数据挖掘和优化等算法。新一代物流体系中应用的技术及算法的优势见表 1-1。

表1-1　新一代物流体系中应用的技术及算法的优势

技术 / 算法	应用优势
AI	有效提高各项物流业务的自动化程度及物流决策的精准性和智慧性
区块链	增强物流信息的安全性、可靠性和可追溯性，助力物流行业实现物流供应链各环节数据可识别、可追溯
大数据和云计算	提供数据传输和共享的渠道，提高了数据交互效率，为新一代物流体系的价值创造提供有效的技术支持
数据挖掘和优化	为物流活动中的销售预测、网络布局、库存管理和配送路径规划等多个环节提供更加高效的数据处理方式，以便物流企业进一步升级自身的经营管理模式，优化物流服务

从商业运营方面来看，近年来，物流业务越来越丰富，跨界现象越来越普遍，5G 在物流领域的大规模应用能够加快构建安全规范的物流服务体系，帮助新一代物流企业快速提高商业运营的透明化程度，进而充分保障物流信息安全。

从交流合作方面来看，5G 在物流领域的大规模应用能够促进物流企业与消费者之间的信息交流和互动，以便物流企业了解消费者需求，并根据消费者的实际需求有针对性地优化物流服务。

5G 在物流行业中的应用为新一代物流行业赋予了接入和智慧的新特性，推动传统的物流体系向智慧海量接入的物流体系转化。具体来说，智慧海量接入的物流体系主要分为可视化智慧物流管理体系、智慧供应链体系和智慧物流追溯体系，如图 1-3 所示。

图 1-3　智慧海量接入的物流体系

可视化智慧物流管理体系

物流行业与 IoT 之间的紧密联系为 5G 在物流领域的大规模应用提供了必要条件，5G 可以凭借其广连接的优势促进 IoT 在物流领域广泛应用，进而提高物流行业的智能化程度。

可视化智慧物流管理体系是以建设具有全方位、全流程的感知、覆盖和控制功能的智能可视化上层应用为目的的新一代智慧物流服务体系。从功能上来看，5G 能够实现按需组网、控制转发分离、灵活网络异构、移动边缘计算等多种功能，5G 在可视化智慧物流管理体系中的应用能够高效传输底层传感器和数据采集智能硬件等设备采集的数据，从而为该领域的通信提供强有力的网络支撑和技术支撑。

从体系架构上来看，可视化智慧物流管理体系可以分为感知层、传输层、应用层和可视化展示层，如图 1-4 所示。

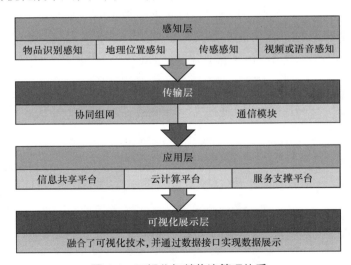

图 1-4　可视化智慧物流管理体系

- **感知层**：主要包括传感器等底层数据采集设备，能够采集各种数据，具有物品识别感知、地理位置感知、传感感知、视频或语音感知等功能。

- **传输层**：分为协同组网和通信模块两个部分，其中，协同组网能够通过

5G 等多种信息通信技术来实现自组织组网，通信模块具有信息管理和信息传输功能，能够将感知层采集的数据传输至应用层，另外，传输层还具有整合异构网络等功能。

- **应用层**：主要包括信息共享平台、云计算平台和服务支撑平台，当感知层的数据通过传输层传到应用层时，这些平台可以为这些数据提供整合接口。

- **可视化展示层**：融合了可视化技术，能够通过数据接口实现数据的展示，5G 在物流领域的应用为可视化智慧物流管理体系实现物流数据的精准可视化提供了有效的支撑，物流企业的决策层和管理层可以借助可视化的物流数据进一步优化决策和物流管理体系。

智慧供应链体系

随着各种信息通信技术在物流领域的深入应用，物流行业呈智能化发展趋势，并逐渐形成智慧供应链体系。具体来说，物流行业中的智慧供应链融合了 IoT、大数据、云计算等技术，供应链管理层和核心技术层可以利用各项技术优化供应链管理模式，提高供应链管理模式对各项技术的适应能力，从而使供应链在物流企业内部及物流行业内的各个企业之间发挥作用，实现物流行业的自动化运转和智能化决策。智慧供应链体系如图 1-5 所示。

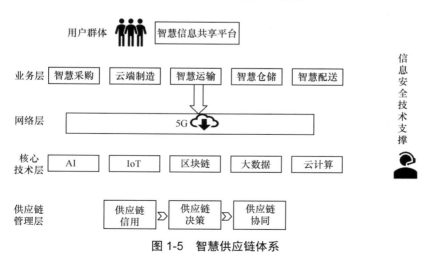

图 1-5　智慧供应链体系

　　智慧供应链具有可视性强、移动性强等特点，能够通过可视化的方式呈现物流数据的变化情况，同时也能借助移动设备来为供应链各环节的参与者提供物流数据查询服务。另外，智慧供应链中的软件界面、管理平台等交互界面还具有人机协同度高的优势，能够为供应链各环节的参与者提供更人性化的服务。

　　从技术应用上来看，智慧供应链体系融合了多种先进技术，既可以充分发挥大数据和云计算技术强大的数据处理能力对各项物流数据进行存储和优化，也能在 5G 的基础上借助 AI、IoT、区块链等技术来实现供应链信用目标、供应链管理决策和供应链节点协同，进而达到升级智慧供应链的目的。

　　具体来说，智慧供应链中的 IoT 技术能够大幅提高智慧供应链体系间的协同性；区块链技术可以作为信用机制来助力智慧供应链实现信息共享；AI 技术能够驱动智慧供应链实现动态可控管理和智能决策；具有大连接、按需组网等特性的 5G 能够为 AI、IoT、区块链等技术的发挥提供稳定的数据交互平台，进而达到提高边缘计算效率和驱动供应链体系智能化发展的目的。

　　就目前来看，智慧供应链体系基于 5G，不仅集成了数字经济、共享经济等商业模块，还融合了 AI、IoT、区块链、大数据、云计算等技术及其相关设施，能够充分发挥数字技术的作用，确保数据传输的高效性、安全性和稳定性。

智慧物流追溯体系

　　智慧物流追溯体系以 5G 为数据源流动媒介，以 IoT、区块链等技术为手段，自下而上构建分布式、多节点的信息共享链，能够在相关网络平台或软件中对产品的物流信息进行全面整合和记录。这不仅为产品生产厂家进行可控查询和报表分析提供方便，也为消费者进行产品信息溯源提供方便。

　　从体系架构上来看，智慧物流追溯体系可以分为以下 4 层。

　　① 数据采集层：主要包括识别系统、定位系统和跟踪系统，能够利用传感器、接收器等多种数据采集设备采集各种与物流相关的数据。

　　② 数据传输层：传输来自数据采集层的数据，同时也可以借助 5G 来提高智慧物流追溯体系与嵌入式终端器件读写器和传感器等设备的适配度。

③ 数据存储层：具备信息整合、分类和智能处理功能，能够利用云存储平台对数据进行智能化管理和处理。

④ 数据应用层：包含数据交换平台、公共服务平台和企业用户平台，能够以可视化的方式对调取的数据进行统计和分析，从而使物流过程中的各方参与者全面掌握物流信息，实现物流追踪和溯源，另外，为了确保数据传输的安全性，物流行业还需要针对每层制定相应的协议标准和规范。

基于 5G 的智慧物流追溯体系能够扩大终端设备的连接数量，全面采集并记录物流数据。同时借助边缘服务器采集各个终端设备中的数据，并通过数据中心进行整合，为可视化场景的呈现提供数据支持，确保物流管理层和用户做出精准决策。

第 2 章　数智变革：5G＋智慧物流的技术架构

 ## 5G + AIoT：物流运输数字化变革

智能连接融合了 5G、AI、IoT 等技术。在智能连接的基础上，AI 能够高效处理来源于 IoT 的各类数据，提高数据的可用性，充分发挥数据的价值。这既能为用户决策提供数据支持，也能有效提高服务的个性化程度，优化用户体验及人与环境的交互效果。

随着计算水平的提升、数据训练强度的加大及机器学习工具可用性的增强，AI 需要处理的对象的复杂度越来越高，IoT 的应用范围也越来越广。而 5G 的发展和应用能够助力 AI 和 IoT 技术的发展，并驱动智能连接进入新的发展阶段。5G 具有高速率等优势，IoT 能够广泛采集各类数据，AI 能够根据语境实现对数据的准确理解，同时还具备强大的决策能力，能够根据数据分析结果做出精准决策。因此，5G、AI、IoT 等技术的飞速发展必然能够加快物流行业实现智能连接的速度，为物流服务数字化和智能化水平的提升提供强有力的技术支撑。

在整个物流产业链中，运输环节至关重要，现阶段，5G+AIoT 技术主要用于公路干线运输领域，包括基于自动驾驶技术的无人卡车、基于 5G+AIoT 技术的车队管理系统等。随着5G+AIoT技术在物流运输领域的深入应用，自动驾驶技术在卡车领域的发展逐渐成熟，无人卡车在港口、物流园区等场景中的应用越来越广泛，未来，基于自动驾驶技术的无人卡车有望完成物流运输工作；同时，基于5G+AIoT技术的车队管理系统的功能也将越来越强大，能够实现对车辆运行状态和驾驶员驾驶行为等多方面的实时监控。

基于自动驾驶技术的无人卡车

与无人驾驶乘用车相比，无人卡车的受关注度较低，但这两者使用的技术、系统架构和感知载体都是相同的。具体来说，无人卡车与无人驾驶乘用车都应用了自动驾驶技术，其系统架构均可以分为感知层、决策层和执行层，感知载体均为摄像头、激光雷达、毫米波雷达和超声波雷达等传感器设备。

城市中的道路具有复杂度高、不确定因素多等特点，因此，无人驾驶乘用车的落地应用较为困难。相对而言，港口、物流园区、高速公路等场景封闭性强、线路固定，便于车辆研发人员采集相关数据，因此，相较于无人驾驶乘用车，无人卡车的落地应用更加现实。

基于5G+AIoT技术的车队管理系统

无人卡车落地运营将会全方位地改变物流运输流程，但在无人卡车实现大规模应用之前，由物流企业管理的车队则是我国公路运输的中坚力量。

5G+AIoT技术在物流运输领域的应用能够有效优化车队管理系统，让车队管理系统能够实时感知车辆运行状况、驾驶员驾驶行为、货物装载情况等信息，从而及时发现行程延误、线路异常，以及驾驶员的不规范行为等问题，并迅速对这些问题进行预警、干预及取证判责，降低物流运输安全事故的发生率，达到大幅提高物流运输的安全性和车队管理效率的目的。同时，基于5G+AIoT技术的车队管理系统能够借助车载终端实现感知功能，利用系统平台进行决策，并指挥驾驶员控制车辆运行。就目前来看，基于5G+AIoT技术的车队管理系统具有远高于无人卡车的适用性和商业化程度。

5G + AR：提升仓储配送效率

随着 5G 的快速发展，AR 逐渐被广泛应用于物流领域。AR 在物流领域的应用能够大幅提高物流行业的自动化程度，提高机器设备在视觉相关工作中的使用率，进而帮助物流企业减少人员培训方面的成本支出。

5G 大带宽的特性，既能为 AR 的商业化应用提供强有力的支撑，也能借助大规模多输入多输出（MIMO）技术来增强网络通信的稳定性，同时还可以通过移动边缘计算为 AR 应用提供数据通信方面的服务。未来，基于 5G 的 AR 设备在物流领域的应用能够提高物流工作人员在仓储、运输、配送等环节的工作效率和物流服务水平。

AR 仓储、AR 运输和 AR 配送是基于 5G 的 AR 技术在物流领域的重要应用场景。

① AR 仓储：将 5G + AR 技术融入物流的分拣和复核环节，帮助物流企业的员工高效地完成仓储工作，具体来说，物流企业的员工可以通过 5G + AR 技术进行精准导航，明确拣货位置，并根据系统提示明确拣货数量，而物流企业的工程师也可以通过 5G + AR 技术来优化仓库的布局。

② AR 运输：将 5G + AR 技术融入物流运输环节，优化货物配载方案，进而实现精准、高效地装货、卸货和调货。

③ AR 配送：将 5G + AR 技术融入物流配送环节，让物流企业的配送人员能够精准及时地掌握道路情况，以便在配送货物时选择最佳的配送路线，同时配送人员也可以通过 AR 眼镜等可穿戴设备来高效识别并检索门牌号，进而提高物流配送的效率和配送服务的质量。

 # 5G + 大数据：实现物流管理智能化

在物流行业，数据计算和数据存储的方式主要包括集中式和分布式两种，这两种方式能够通过融合的方式共同发挥作用，精准高效地完成各项物流数据的计算和存储工作。5G 在物流领域的应用能够大幅提高边缘计算的通信效率，加深边缘计算与集中式计算的融合程度，进一步增强物流数据计算平台的数据处理能力，为物流行业实现高效的分布式边缘计算提供有效支持。

进入大数据时代，数据作为信息资源发挥着重要作用，但数据处理的难度随着数据量和数据类型等因素的快速变化而不断升高，各行各业都需要利用更先进的技术来提高自身的数据处理能力。就目前来看，5G 能够为数据处理提供有效的技术支撑和网络支撑。对物流行业来说，各个物流企业可以借助 5G 来优化云计算平台，不断丰富数据采集渠道，以便全方位获取上层应用及各个物流节点中的各项相关数据，并将这些数据传输至云端的数据库，进而实现物流大数据的广泛采集、高效传输和及时更新。

5G + 大数据在物流行业中的应用，能够有效提升物流企业的智能化管理水平，增强物流企业的核心竞争力，主要体现在以下 4 个方面。

（1）提高物流企业的战略管理及决策能力

应用 5G + 大数据技术后，物流企业将在海量多元数据的支撑下制定更为科学合理的决策。长期来看，物流企业的组织架构、业务流程都将被重构，相关决策趋于制度化、流程化、透明化、精准化，并能够实现决策可追溯。

（2）提高物流企业的经营管理能力

应用 5G + 大数据技术后，物流企业将实现业务运营可视化，使信息资源在企业内部及供应链合作伙伴中实时、高度共享。在车辆实时位置、运行状态、库存信息、人员作业信息等多元数据的支撑下，物流企业能够对信息资源进行科学合理配置，显著提高自身的经营管理水平。

（3）提高物流企业的市场营销能力

应用 5G + 大数据技术后，物流企业将更为及时、精准地掌握市场信息，进而制定有效的应对策略，为用户创造更大的价值，促进物流行业良性竞争。

（4）提高物流企业创新能力

应用 5G + 大数据技术后，物流企业能够通过分析市场需求，推出更多的新产品及新服务，同时，在大数据供应链的推动下，物流企业将与合作伙伴建立密切的连接关系，共同对模式、技术、管理进行创新，从而提供更优质的服务。

5G + 云计算：构建新型云物流系统

大数据与云计算能够赋予物流体系强大的信息存储与分析能力，可以更好地挖掘物流数据，满足物流应用对计算服务的要求，创建新一代云物流系统。在 5G 的支持下，云物流系统的架构将更加实用。

在云物流系统中，数据计算可以通过两种方式进行，一种是集中式计算，另一种是移动边缘计算，这两种计算方式互为补充，可以解决很多计算问题。同时，云物流系统的数据存储方式也分为两种，一种是集中式存储，另一种是分布式存储，这两种存储方式互为补充，能够极大地提高数据存储效率，保障数据安全。

5G 在云物流系统的应用主要有两个方向，一是为移动边缘计算提供高效的通信服务，二是促进移动边缘计算与集中式计算相互融合。在云物流系统的边缘计算方式中，分布式的移动云边缘计算是一种非常重要的计算模式。

四川长虹利用 5G 打造了一个智能工厂，该智能工厂涵盖了从产品生产到物流运输的各个业务场景。在电视机制造领域，不同尺寸的电视机制造所需的物料、制造工艺、机器作业模式存在一定的区别。在构建智慧物流系统的过程中，四川长虹利用 5G 将射频识别（RFID）技术嵌入每个产品的装配工装板，使产品在部装、总装、调试、打包的过程中实现"一个流、一个信息、一个订单"。

另外，四川长虹还引入了无线传感器网络、智能仓储、AGV、智能输送等技术与设备，在工艺创新领域取得了重大突破，实现了平台化作业，并将智能物流信息平台的覆盖范围延伸至工业互联网，实现了人与人、人与物、物与物、人与环境、物与环境的实时交互，使每个物联网设备都拥有了数据收集能力，为智能工厂的迭代升级奠定了良好的数据基础。

 # 5G + 区块链：破解物流安全监管难题

随着我国物流行业的快速发展，物流安全问题日渐突出，物流行业的数据安全无法得到有效保障，存在用户信息易泄露的问题。

区块链技术具有数据难篡改和"去中心化"等特点，能够为物流行业的数据存储提供强有力的保障。物流行业的各个企业可以以 5G + 区块链为技术支撑，在确保数据安全的前提下进一步提高物流行业的信息交换效率。

对物流行业来说，区块链技术能够有效确保资金信息、产品信息和物流位置信息的真实性、安全性和可靠性，5G 能够确保物流信息传输的实时性和高效性。以 5G + 区块链为技术基础的物流安全体系可以通过智能合约来对物流供应链中的各项相关数据进行自动化处理，从而在确保物流信息真实可信的基础上进一步提高物流过程的透明度，不仅如此，基于 5G + 区块链技术的物流安全体系还可以使各个分布式模块实现高效通信，进而推动新一代物流行业高质量发展。

5G 能够凭借自身大带宽的优势为物流行业提高区块链在密钥计算和数据处理环节的效率提供支撑，并结合电商平台的安全方案进一步提高物流体系的安全性，进而充分确保整个物流体系运转的稳定性，为上游的电商企业、下游的物流企业及用户提供便利。

5G + 区块链在物流领域的应用优势如图 2-1 所示。

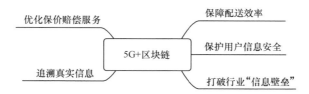

图 2-1　5G + 区块链在物流领域的应用优势

保障配送效率

应用于物流行业的区块链应包含多家物流企业，这些物流企业可以借助区块链技术来互相配合，实现联合配送，从而提高配送效率。

对大型物流企业来说，联合配送能够降低车队的空驶率；对小型物流企业来说，联合配送能够为货物配送提供充分的保障。不仅如此，基于区块链技术的联合配送还能帮助各家物流企业进行配送规划和配送管理，即便处于业务高峰，物流企业也能实现及时配送，同时降低配送成本。

保护用户信息安全

区块链具有数据难篡改的特点，能够利用分布式系统存储用户信息，且只有在半数以上节点同意的情况下才能修改节点中的信息，由此可见，区块链在物流行业中的应用能够充分确保信息的安全性、真实性和可靠性。

具体来说，物流行业中的信息会被区块链划分为两类，一类是公共信息，另一类是加密信息。其中，公共信息是指所有用户都可以直接查看的信息，而加密信息是指只有拥有相关权限的用户才能查看的信息，因此，物流行业可以将需要保密的信息作为加密信息，防止用户信息被随意查看或泄露。

打破行业"信息壁垒"

区块链具有数据"去中心化"的特点，能够保证记录的信息安全、真实、可靠，各家物流企业不需要担心信息泄露等问题，可以互相信任，打破"信息壁垒"，共享物流行业信息，并开展相关合作，增强自身的市场竞争力，实现双方共赢。

追溯真实信息

监管部门可以通过区块链来对物流过程中的数据进行追踪，从而实现对物流信息相关违法犯罪行为的有效防范。不仅如此，监管部门还可以借助区块链来记录和共享从业人员的相关信息，并根据从业人员的诚信情况生成物流行业黑名单，为物流行业营造诚信的发展环境。

优化保价赔偿服务

区块链可以准确记录保价物品的相关信息，并将记录的物品信息与相关监管部门、保险公司等进行共享，这有助于物流行业完善保价赔偿制度，优化保价赔偿服务。

智能合约是区块链的核心技术，能够解决物品遗失或损坏赔偿等问题，此时智能合约可以根据预先定义好的保价赔偿规则为用户提供自动化的理赔服务，并有效简化理赔流程，提高理赔效率，缩短理赔周期，让用户享受到更加精准、高效的保价赔偿服务，帮助物流企业提升用户的满意度。

5G + 数字孪生：智慧物流中心可视化

在物流行业，数字孪生可以面向物流作业的整个流程搭建数字孪生系统，促使整个物流过程实现数字化，进而打造一个智能化、柔性化的物流系统，提高物流效率及智慧物流中心的创新水平。

数字孪生+AIoT：打造智慧物流仓

未来，物流行业可以以不断发展的 AI、IoT 等技术为依托，借助物理模型、运行历史等相关数据，利用多学科、多物理量、多尺度的仿真技术，打造智慧物流中心的数字孪生模型，模拟测试各种场景下智慧物流中心的运行情况，不断提高智慧物流中心的自动化与柔性化水平。

在 2019 全球智慧物流峰会上，阿里巴巴集团旗下的菜鸟裹裹宣布与行业合作伙伴联合创建一个基于数字孪生技术的物流 AIoT 开放平台，对数字孪生技术、AI、IoT 三大技术进行集成应用，支持接入相关设备和物流场景，推动整个物流过程实现数字化、智能化升级。

数字孪生不仅可以对实体物流网络中的物品进行数字化改造，还能够促使物流系统、作业流程、物流设备实现数字化。借助数字孪生，智慧物流行业可以发现智慧物流中心的潜在问题，激发创新思维，优化智慧物流中心。

除了菜鸟裹裹，敦豪航空货运也正在研发数字孪生智能仓库，利用数字孪生技术创建虚拟仓，将现实仓与虚拟仓连接在一起，创建智能仓库解决方案。

敦豪航空货运为数字孪生智能仓库制定了六大目标：第一，减少拥堵，提高物流运输效率；第二，打造管制区域警报预警系统；第三，实时监控仓库内的温度，发现温度超出规定数值时发出警报；第四，打造一个完整的、可视化的交通系统；第五，实时分析运营数据；第六，保证机械化搬运设备的安全。

数字孪生在物流行业的应用前景

未来的智能应用系统可以划分为实体与数字孪生体两大部分，这两个部分都可以体现"智能"。实体与数字孪生体通过物联网连接，在数字孪生体侧，除了产品档案，还可以为其附加更多的功能。

数字孪生应用于智慧物流行业，将给整个行业带来巨大的颠覆，例如在智慧物流体系中，智能货架、搬运机器人、智能拣选模块、无人装车系统、无人卸车系统、无人卡车、无人机、配送机器人等可以实现智能实体与数字孪生体的互联，工作人员通过智慧物流中心控制平台控制数字孪生体，进而实时控制整个智慧物流系统，此外，数字孪生应用于智慧物流行业还能够积累与智慧物流设备和产品相关的设计、制造知识，人们可利用这些知识改进设备与产品。

智慧物流中心需要先设计，再组织建设。如果设计完成后、在建设过程中遇到问题，智慧物流中心则很难调整。一个复杂的智慧物流中心要考虑各个环节，不断优化设计，完善前期规划。在智慧物流中心建设过程中，每个环节由设计人员和施工人员独立操作，可能会存在施工人员无法准确理解设计人员的意图，导致施工过程中出错率高的情况发生。

借助数字孪生，技术人员可以系统规划各种问题，让设计人员与施工人员协同作业。如果设计方案出现变动，则可以利用数字孪生技术更新施工流程，例如重新拟定物料清单和施工流程，将完成各项任务所需的时间与具体的工序整合在一起进行规划，直到得到一个满意的方案。智慧物流中心建成后，如果产生新的需求，则技术人员可以利用数字孪生技术来调整智慧物流中心的技术架构和功能。

第3章 应用场景：5G+智慧物流的实践路径

 ## 5G+智慧电网：保障物流能源供给

智慧能源系统融合了传统能源、新能源和数字技术，能够助力智慧城市建设。与传统的能源系统相比，智慧能源系统能够以更加智慧、高效的方式为物流行业提供能源方面的支持，实现智能化的能源供给。

物流行业的仓储环节是进行能源供给的关键。具体来说，仓储环节通常通过电网模块来实现能源利用，物流企业需要利用智能技术构建融合网络和能源的智慧电网系统，并综合利用可再生能源和分布式储电等发电技术为新一代物流行业的能源供给提供强有力的支撑，同时提高用电再分配和能源数据控制环节的智能化水平，从而大幅提高物流领域的电能供给效率。

5G可以充分发挥自身优势，为物流行业的智慧电网提供网络层面的支撑。例如，5G网络切片技术在新一代物流能源供给中的应用能够有效提高物流企业自建组网架构的安全性、隔离性和简便性，以便各家物流企业能够使用独立的电网系统对物流过程中的各个环节进行安全高效的能源供给。5G还能在多种物流场景中为不同环节、不同主体之间的信息通信提供网络层面的支持，为物流行业利用智慧电网进行能源供给提供便利。

除了支持高效的数据通信，5G 还能有效提高物流系统中的各个用电终端调整电能负荷的及时性，提高数据获取、数据传输和能源计算的效率，支持各个用电终端的数据实时更新。与此同时，5G 还能与异构能源网络综合作用，进一步提高数据传输效率，进而通过分布式接入电网和新能源的方式为物流企业实现能源自给提供支持。

对新一代物流企业来说，使用以 5G 为基础的智慧电网既能节约资源、降低成本，也能优化服务，推动零售业及物流产业链快速发展。

 ## 5G + 智慧仓储：物流仓储全面自动化

在仓储环节，物流企业应通过深度融合 AI 和 5G 的方式来优化仓储环境，提高仓储自动化水平。具体来说，5G 在智能机器人中的应用能够有效解决机器人硬件芯片在时延、能耗等方面的问题，大幅提高物流仓储数据的安全性、可靠性和传输效率，进而提高智能机器人在仓储环节的应用水平，加快物流行业实现物流仓储全方位自动化的速度。基于 5G 的智慧仓储能够提高数据传输效率，助力电商平台快速实现安全、高效的货物运输，并完善物流服务，提升用户体验。

智能立体仓库具有空间利用率高、出入库能力强等优势，能够为物流企业进行现代化管理提供极大的便利。在信息技术、科学技术、商品化经济和自动化生产技术发展迅猛的今天，生产活动中的成品、半成品、原材料等物料资源及与其相关的搬运、仓储、配送等流通环节和相应的信息资源早已互相连通。传统智能立体仓库由仓库管理系统（WMS）和仓库控制系统（WCS）两个部分组成。分析处理仓储信息需要将其回传到计算机控制管理软件中，但 4G 网络时延高、传输速率不够高，导致传统仓储管理难以及时盘库和自动补货。

5G + 智慧仓储管理以即时通信、海量网络等技术和低时延、高可靠性等优势为基础，能够实时追踪物料信息，协调各部分之间的关系，能提高智能立体仓库的运算能力，以及系统运转和功能开发的能力，推动智能立体仓库高效流转，满足新型柔性制造的需求。

智能立体仓库系统能够在监测到库位信息之后，利用5G在边缘端对生产线中物料的运转情况进行分析并极速盘库，获取生产线需求和库存信息。同时，智能立体仓库还能自行向运输装置发送取货和补货的指令，在仓库、生产线、运输设备之间实现端到端的信息互联。

5G + 调度配送：AGV 智能调度系统应用

在物流供应链体系中应用 RFID、电子数据交换等技术能够在很大程度上降低物流供应在仓储环节遇到的各种问题的难度。目前物流行业通常使用 Wi-Fi 来进行 AGV 调度，存在抗干扰能力差、切换和覆盖能力较弱等问题。为了能够低成本、高效地运行整个物流供应链体系，发挥数据的价值并高效快速地协调物流供应链中的各个环节成为制造业必须解决的问题。

5G 的大带宽对估计参数来说是一大优势，它能够支撑高精度的测距，使定位更加精准；5G 的低时延优势有助于直观、快捷、准确地获取物流各个环节中的相关数据，以更快的速度将物流运输、货物装拣等数据传送到用户端、管理端和作业端；5G 高并发的特性则能使更多的 AGV 在同一工段和同一时间点协同作业。以 5G 为基础的智慧物流主要表现出设备自决策、设备自管理和路径自规划等功能，能够实现资源的按需分配。

借助 5G 能够实现由设备到设备（D2D）的实时通信；优化资源分配，最终实现智能调度工厂中的 AGV 转运车多机协同，更快地将整个生产过程中关于物料流转的信息输送至设备端、生产端和管理端，实现端到端的无缝连接。

智能配送系统一般由调度系统、自动充电桩、信息交互设备、工装管理系统、手持终端呼叫设备、扫码与工卡识别设备、AGV（集成叉车功能）等组成。工作人员可以通过手持终端呼叫设备将相关信息发送到调度系统上，调度系统在接收工作人员发出的指令后，可以获取工作人员的工位信息、身份信息和相关物料信息等，再将合适的 AGV 安排到物料区，AGV 上装配的 RFID 识别器能使其按照调度系统发出的指令自动识别并转运物料。

智能配送系统中的 AGV 能够自主规划将物料从物料区或立体仓库转运至目的地（工位）的最优路径，通过 5G 网络传输的图像和深度学习平台实时规避障碍并自动开关车间升降门；抵达目的地（工位）后，工作人员可以使用工卡或其他设备扫码登记并提取物料；最后，AGV 会按照调度系统的指令继续配送物料或进入指定区域休息（自动充电）。

 ## 5G + 物流监控：数据驱动的信息共享

5G 能够提供稳定的图像和视频传输功能，实现了物流监控数据的实时反馈，大幅提高了物流监控环节的智能化程度，进而提高了物流过程的安全性、可靠性、高效性及透明度。基于 5G 的物流工业级监控架构如图 3-1 所示。

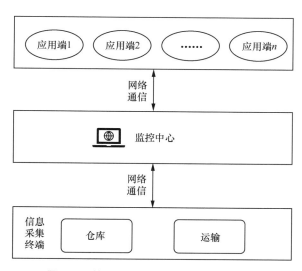

图 3-1 基于 5G 的物流工业级监控架构

在图 3-1 中，信息采集终端是指物流企业用于采集物流过程中的各项相关数据的硬件设备。这些信息采集终端可以通过 5G 将采集到的数据传输至监控中心，以便监控中心向通信网关发送指令，进而实现高效的终端控制和路径决策等。此外，远程移动终端也需要借助 5G 来实现与监控中心之间的数据传输。

基于 5G 的工业级物流监控主要包括终端数据采集、数据库管理、实时监控、信息查询、地理信息系统（GIS）共享信息平台等多个模块，能够高效整合运输路径、物品状态等各类物流信息，并通过 GIS 共享信息平台实现物流信息在物流企业总部、运输人员等多方之间的共享，同时相关工作人员也可以通过 GIS 共享信息平台远程接收来自物流企业总部的指令，以便及时调整和优化物流安排。基于 5G 的物流工业级监控功能框架如图 3-2 所示。

由此可见，5G 在物流监控环节的应用能够有效提高监控的全面性和及时性，并确保货物在生产、运输、仓储等环节的相关信息可查询。

与其他监控方式相比，工业级监控具有终端设备数量大、种类丰富、独立性低、接入便捷等特点，因此，通信平台需要通过融合 5G 来增加设备接入量，构建一体化的监控体系，达到提高硬件终端接入和调整的便捷性目的。

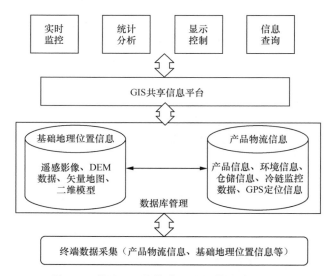

图 3-2　基于 5G 的物流工业级监控功能框架

5G + 工业视觉：优化物流作业流程

计算机视觉技术与物流行业融合应用，即工业视觉系统能够通过深度学习的方式大幅提高图像识别、人脸识别、目标检测、目标追踪等应用的准确性、高效性和智慧性，同时帮助物流企业降低成本。

在新一代物流系统中，工业视觉系统在一定程度上能够取代人工，以更高的效率和准确性自动完成物流行业中各项与视觉相关的工作。而融合了 5G 的工业视觉系统既能广泛采集各项物流监控数据，又能精准、高效地完成数据的高层语义操作，充分确保工业视觉系统工作的高效性。

5G 能够在信息通信层面为工业视觉系统提供强有力的支撑，进而大幅提高数据分析的精准度和实时性。基于 5G 的工业视觉系统在物流不同环节的优势如下。

① 物流分拣：工业视觉系统可以利用图像识别技术高效采集货物的物流基本信息，并将这些信息应用于智能分拣，提高物流分拣的高效性和准确性。

② 物流监控：工业视觉系统可以利用人脸识别技术高效识别工作人员的身份，并准确记录其身份信息。

③ 物流生产线作业：工业视觉系统可以利用目标检测技术高效监测各个物品，并精准标注物品信息。

④ 物流配送：工业视觉系统既可以利用图像识别技术对表单进行精准高效的识别和记录，也可以利用视频分析技术优化物流配送。

融合 5G 的工业视觉系统具有低时延的优势，能够作为物流作业过程中的重要环节对外界环境进行精准高效识别，同时工业视觉系统的识别准确率还与物流产业链的工作效率息息相关，当工业视觉系统出现识别错误的情况时，物流产业链的工作效率可能会降低，当工业视觉系统的识别错误问题较为严重时，物流产业链甚至会发生工作事故。

但从技术应用方面来看，现阶段 5G 在物流领域的应用还无法充分满足工业视觉系统在时延方面的要求。从突发问题处理方面来看，随着 5G 的迅速发展，基于 5G 的工业视觉系统对突发问题的环境识别能力将不断增强。不仅如此，工业视觉系统在新一代物流行业中的深入应用还能有效提高物流工作的自动化程度，助力物流领域加快实现全面自动化的步伐。

 # 5G＋自动驾驶：全自动化物流运输

自动驾驶技术在新一代物流行业中的融合应用能够大幅提高物流运输环节的自动化控制水平。即便没有车辆驾驶员，物流企业也可以实现远程控制物流车辆，进而助力物流车辆实现自动加速、自动转弯、自动临时制动等各项自动驾驶功能，推动新一代物流行业实现全自动化物流运输。

与传统的物流运输相比，全自动化物流运输不仅成本低，还能利用计算机快速完成运输路径规划、运输路径决策和临时环境分析等工作，从而以更加智能化、自动化的方式提高物流运输的安全性、准确性和高效性。而 5G 在物流运输车辆中的应用加快了非视距感知和数据即时共享等技术实现智能化应用的速度，为物流运输快速实现全自动化提供了重要驱动力。人类驾驶和自动驾驶的比较如图 3-3 所示。

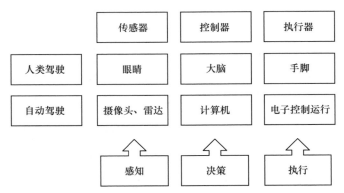

图 3-3　人类驾驶和自动驾驶的比较

为了进一步提升物流运输的全自动化水平，新一代物流行业需要将以车用无线通信（V2X）为技术基础的自动驾驶系统引入物流车辆。V2X 可以利用 5G

来增强自动驾驶物流运输车辆在数据感知、传输、处理等方面的能力，并推动自动驾驶物流运输车辆实现信息的交互和共享。

另外，从探测视距来看，基于 5G 的 V2X 自动驾驶物流运输车辆的探测范围高达百米；从环境适应能力来看，基于 5G 的 V2X 自动驾驶物流运输车辆装配了 AI 系统，能够在多种运输环境中安全稳定运行。基于 5G 的 V2X 车联网物流传输结构如图 3-4 所示。

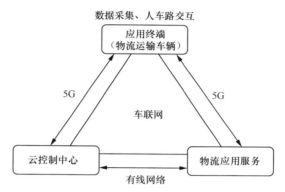

图 3-4　基于 5G 的 V2X 车联网物流传输结构

5G 具有低时延、高速率、大连接等特性，能够充分满足物流运输车辆在数据即时共享、构建自组织网络等方面的需求，因此新一代物流行业需要借助 5G 来提高云控制中心、物流运输车辆和物流应用服务三者之间的信息交互效率，并充分发挥 5G 在数据传输方面的作用，在网络层面为云控制中心和物流应用服务的信息通信提供强有力的保障，为应用终端采集、接收和发送数据提供有效的技术支撑。

另外，5G 网络切片技术也为自动驾驶提供了技术支持，驱动物流运输车辆快速实现自动驾驶。总而言之，5G 是自动驾驶物流运输车辆落地应用的基础，也是物流行业实现全自动化物流运输的关键。物流行业需要充分利用 5G 来加强物流企业、电商企业和消费者之间的联系，确保电商行业稳定发展，进而提高物流供应链的整体性，促进物流行业高质量发展。

第4章　面向5G＋智能工厂的智慧物流建设

 ## 5G＋智能工厂：引领制造业转型升级

智能工厂基于5G连接车间内的人员、设备、物料等，实现各类信息的实时交互；利用大数据、IoT、AI等技术对生产线进行数字化改造，实现智能化、自动化生产；整合物流资源，根据生产工艺与生产流程对物流资源进行调配，保证生产活动有序进行，提高物流系统的决策效率与执行效率。同时，在5G的支持下，智能工厂可以改变原有的架构体系，形成扁平化架构，实现柔性化生产。

从本质上看，智能工厂借助信息技术、智能设备、算法、精益运营体系实现"两化"融合，完成从数字工厂向智能工厂的转型。因此，智能工厂的建设不是简单地引入5G、AI、大数据等技术及基于这些先进技术的智能设备，打造智能化生产线，它涉及很多环节，包括搭建低时延、广覆盖、可以实现数据高速流动的网络，合理规划厂房选址与产品产能，有针对性地引入生产设备与动力设施，对物料进场时间与流动路线进行合理规划等。具体来说，5G赋能智能工厂主要体现在以下4个方面。

① 对基建的赋能。这里的基建主要是指智慧建筑。在5G的支持下，智慧

建筑的整体运行过程可以以参数化的方式表达，为配套设备、辅助设施的配置提供科学指导，还可以优化利用绿色能源，提高智慧建筑的节能水平。

② 对产品的赋能。在 5G 的支持下，管理人员可以对产品的特征、市场需求等要素，以及在未来能否实现大规模个性化定制、进行大规模使用等问题进行深入分析，对产品进行模块化、智能化包装，提高生产的标准化水平。

③ 对信息的赋能。信息流与实物流对智能工厂来说十分重要，人与物、物与物之间的信息沟通与共享是构建物理信息系统、实现数字孪生的重要基础。在 5G、IoT、大数据、区块链等技术的支持下，智能工厂可以构建一体化智能制造供应链信息平台，全方位采集各类信息，实现信息的流通与共享。

④ 对物流环节的赋能。物流贯穿智能工厂生产的全过程，5G 对物流环节的赋能需要与上述 3 个环节实现密切联动，最终目标是打通整个价值链，促进产品在工厂内的高速流转，实现降本增效。具体来看，5G 对物流环节的赋能可以对整个物流过程进行精益化管理，提高整个物流过程的数字化、智能化水平，快速响应各条生产线的物料需求，为整个生产活动的高效开展提供强有力的保障。

基于 5G 的智慧物流系统的构建需要采购、品控、财务、信息等部门相互协作、共同推进。其中，采购部门应该按需采购，根据送货单对物流运输车辆进行调配，并对货物运输过程进行实时监控；品控部门可以在物料进入工厂之前进行质检，并开展通过式验收，确保物料质量；财务部门要优化结算方式，简化结算流程，提高结算效率；信息部门要掌握实际业务运作流程，并将流程参数录入信息化平台。需要注意的是，如果现有的信息化平台无法理解流程参数、不支持流程变革，就需要开发新的信息系统，或在现有的系统中添加新功能，为 5G 赋能智慧物流提供必要的支持。

 ## 5G 驱动下的智能工厂物流

相较于传统工厂物流来说，基于 5G 的智能工厂物流具有典型的智能化特征，主要表现在"人、机、物、法、环"5 个环节，如图 4-1 所示。

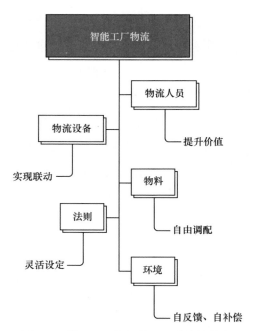

图 4-1 基于 5G 的智能工厂物流的特征

（1）人

在物流人员方面，智能物流技术与设备的应用可以将物流人员从烦琐的搬运工作中解放出来，让物流人员将更多的时间与精力投入更有价值的环节，例如研究各个场景的作业算法，探究智能工厂的底层运作规则等。

（2）机

在物流设备方面，物流设备在 5G、AI、大数据等技术的支持下，可以实现联动，能够对生产需求做出快速响应。

（3）物

在物料方面，智能工厂中的物料可以自由调配，实现动态组合，满足了柔性化生产的需求。

（4）法

在法则方面，基于 5G 的智能工厂具有"去中心化"的特点，可以根据所处的环境及物料、物流设备、物流人员的实际情况设定物流规则。

（5）环

在环境方面，基于 AI 强大的感知能力与数据传递能力，智能工厂物流可以实时采集各节点的数据，通过设定的算法实现自反馈、自补偿。

也就是说，基于 5G 的智能工厂不仅可以实现人员、物料的合理调配，还可以自动设计运营规则与方案，切实提高物流水平与效率。

以美的基于 5G 打造的"灯塔工厂"为例，这个"灯塔工厂"实际上是一个专门生产微波炉的工厂，可以将生产所需的物料自动运输到生产线，实现物料的自动化分拣、下线与暂存。

在美的打造的无人仓内，管理人员可以基于 5G 网络环境对各种智能设备进行远程操控与调度，通过增添 5G 模组赋予设备视觉导航、视频处理等能力，实现不同类型的自动导引叉车（AGV 叉车）与物流存取系统的自由调度，缩短物料搬运设备的部署周期，提高物流系统对柔性化生产与制造的响应能力，进而提高物流效率，降低物流成本。

制造系统与物流系统的深度融合

在基于 5G 的智能制造体系中，制造系统与物流系统实现了深度融合，生产环节融入整个物流过程，成为其中的一部分，具体如下。

① 随着智能制造设备、智能物流设备的广泛应用，物流人员逐渐从烦琐的打包、搬运等工作中解放出来，从事更有价值的工作。

② 在 5G、AI、IoT 等技术的支持下，"人、机、物、法、环"可以相互连接，实现智能协同与高效互动。

③ 在 5G 的支持下，管理人员可以实时监控关键的生产环节、生产点位、品质控制点等，对生产过程采集到的各类数据（尤其是与设计标准、运营计划不一致的数据）进行实时传递，方便管理人员及时调整生产计划，从而实现对生产制造全过程的动态监管，提高整个制造过程的智能化水平。

在智能工厂运营的各个环节，物流环节具有端到端的属性，是保证智能工厂有序运行的关键。因此，5G 赋能物流，提高物流的智能化水平，其实就是在赋能智能工厂，提高工厂生产、运行的智能化水平。

基于智能工厂的物流运营体系

基于智能工厂的物流运营体系的智能化主要体现在入厂物流、生产物流、成品物流 3 个环节，具体分析如下。

（1）入厂物流

入厂物流是指借助配备了 5G、AI 等技术的智能装卸与搬运设备将产品生产所需的物资、物料运送到生产工厂，例如，AGV、智能化起重吊装设备等。在 5G、AI 等技术的支持下，智能装卸与搬运设备可以自动采集数据，并对各类数据进行共享，提高数据的可视化水平，自主规划搬运路线，实现自主决策与自主调度。

（2）生产物流

生产物流是智能工厂的核心环节，是指利用智能物流拣选及搬运技术、智能物流存储技术等实现物料在整个智能工厂内的流转，为生产活动的有序进行、生产效率的提升提供强有力的保障。

（3）成品物流

成品物流是指借助基于 5G 和工业视觉等技术的智能打包、智能搬运、智能成品装柜等技术与设备对生产出来的产品进行打包、搬运，将产品运往市场。

具体来看，智能工厂在运转过程中需要根据具体的场景有针对性地选择物流技术与设备，这里的场景包括需要运输的产品与物料的类型、尺寸、重量，对包装的要求，对存储的要求，对搬运方式的要求，对运输时间的要求等，还要根据 5G 的传递要求设置具体的参数，以满足 5G、AI 等技术的数据运营需求。

 5G 在智能工厂物流中的应用场景

制造业的物流与普通的商业物流有一定的区别，制造业的物流不仅要考虑产品包装、装卸、运输等常见的物流要素，还要考虑产品生产与交付计划、物料齐套计划、工位配送计划、物流计划、门店管理等企业经营管理要素，复杂性更高，主要涉及库存管理、智能立体库、堆垛机、AGV、全云化的网络平台等方面。

库存管理

物料库存的多少与采购批量、采购周期、质检合格率、供应商送货的稳定性等因素密切相关。5G 在这个环节的应用可以实现数据的实时共享，实现物料运输全过程的自动化管理，提高物流运输的智能化水平。对智能工厂来说，生产活动开展的频率在一定程度上取决于在制品与成品库存的设定和流转模式的选择，而生产活动开展的频率又决定了智能工厂的效益。

在仓库管理方面，仓库管理人员可以使用 AR 技术挑选物品，查看仓库布局，完成仓储作业；在配送环节，AR 技术可以对物品的分拣、齐套、装载、配送顺序进行合理设定，打造一个高效、精准、自动化的物品投送流程，还可以让配送人员实时查看路况，优化物流运输路径，提高物流运输效率。

基于 5G 的 AR 技术的应用不仅可以提高物流配送效率，还可以构建一体化的分拣、仓储、配送作业流程。

智能立体库

5G 为智能立体库创造了良好的通信环境，其广连接的特性支持智能立体库连接多种智能设备，包括子母车、四向穿梭车、AGV、智能分拣设备等。

智能立体库中的这些设备想要相互协作，必须通过网络传递数据，而 5G 的应用很好地解决了这一问题，5G 不仅可以为智能立体库中的数据传输提供一个更加稳定、抗干扰性更强的网络系统，而且可以构建一个 IoT 系统，将仓库内的产品、设备连接在一起，提高仓库的运行效率，从而提升仓储的智能化水平。

堆垛机

基于工业视觉系统的堆垛机可以应用于制造业物流领域的多个环节，例如，在产品出入库环节，堆垛机可以对产品的外包装进行检测，查看产品的外包装是否破损；在货物堆放环节，堆垛机可以对产品的放置情况进行检测；在产品盘点与抽检环节，堆垛机可以对产品进行在线盘点与抽检。此外，内置 5G 通信模组的堆垛机可以在数秒内将没有经过压缩的产品图像上传至边缘服务器，并进行快速处理，完成产品的外观检测，极大地提高了产品的质检效率。

在制造业物流中，不同场景对设备通信能力的要求不同，但也有一些共同点，具体如下。

- **超深度覆盖**：仓库内的货架一般比较高，货物堆放比较密集，巷道狭窄，这就要求网络能够实现超深度覆盖，且信号的穿透能力强，以满足通信需求。
- **长距离无切换**：如果车间比较大，则网络需要具备长距离无切换的特点。
- **切换带设计复杂**：车间布局不同、货物的运输流程不同，切换带的设计也不同，所以制造业物流场景中的切换带设计比较复杂。
- **并发量超大**：在订单暴增的情况下，一个面积超过 1 万平方米的车间每秒可能会产生近万次的并发通信，这对网络带宽提出了较高的要求。

AGV

在制造业物流领域，AGV 是一种比较常见的设备。在大规模生产任务中，可能需要几十台甚至上百台 AGV 同时工作，以对物料进行分拣与配送，虽然数据传输的规模不大，但比较频繁，对时延的要求比较高。

另外，制造业企业生产的产品不同，需要的物料也不同，制造业企业不可能为每种物料专门配备一款 AGV。因此，在搬运超重物料时，需要多台 AGV 协作。这种相互协作的工作模式不仅可以降低制造业企业的投资成本，而且可以让 AGV 灵活组合，实现重复应用。

多台 AGV 协作搬运超大超重物料时，为了保证安全，参与搬运的 AGV 必须同时启动、同时停止，以免某个 AGV 因负载过重而突然停止运行，而这就对数据的传输时延提出了极高的要求。为了实现多台 AGV 协作，网络传输时延要控制在 $5 \sim 10\,\mu m$，每台 AGV 的时钟误差不能超过 $1\,\mu m$，而 5G 可以满足这一要求。

全云化的网络平台

离散装配型企业在生产前要做好物料齐套管理，制订生产计划，并要求供应商制订货物供应计划，保证所有物料按时到位，在生产过程中对智能制造设备、检测设备、物流设备进行灵活调配，保证需求、计划、执行各环节的标准数据、计划数据与实际执行数据一致，从而实时监管生产过程，并实时反馈计划执行结果。

如果条件允许，制造业企业可以在正式生产之前进行虚拟制造，及时发现问题并改进，保证实际制造过程顺利进行。在这个环节，智能工厂可以借助 5G 打造全云化的网络平台，辅以海量传感器和精密传感技术收集设备运行数据及各个生产环节产生的各类数据，创建一个规模庞大的数据库。制造业企业利用大数据、云计算等技术对数据进行深入挖掘，为提升工业机器人自主学习能力奠定良好的数据基础，为制定最佳生产方案提供有效的支撑。

在 5G 的支持下，设备之间、物体之间可以直接通信，从而降低了端到端的通信时延，提高了各环节的运行效率。

 # 建设 5G + 智能工厂物流体系的挑战

为了快速响应市场需求，制造业企业将依托于 5G 打造柔性化制造模式，以实现降本增效。在具体实践中，制造业企业的整个制造过程涵盖产品研发、原材料采购、产品生产、供应商管理、库存管理、物流运输、终端实体门店管理等环节，亟须借助 5G 实现智能化改造与升级。

5G基站建设成本高

虽然智能制造的物流系统不需要配备太多的 5G 基站，但因为 4G 占用了中低频段载波，所以 5G 只能使用更高频段载波，传输距离较短。这样一来，在覆盖范围相同的情况下，5G 基站的数量要比 4G 基站多出 3 倍左右，不仅建设成本更高，运营成本也更高。在没有发现新的收入增长点、无法实现收支平衡及收入大于支出的情况下，电信运营商很难大规模推进 5G 基础设施建设，这导致 5G 流量成本长期居高不下，影响其在制造业物流领域的应用。

对信息传输要求更高

随着制造业的数字化、智能化转型不断推进，智能制造企业竞争力的提升在很大程度上取决于供应网络、制造网络、物流节点及整个供应链生态的优化。而物流网络各个节点之间的运输能力在很大程度上取决于运输设备的装卸能力、盛装容积比和载重比、转载与分拨节点的运作效率，对路径优化的依赖度并不高。

对智慧物流来说，物流节点的智能化升级是关键，而这需要软硬件的迭代更新及运营模式的全面升级。但在具体实践中，5G 基站的建设速度比较慢，信息传输速率无法满足智慧物流各个场景和业务的需求。

技术应用与场景需求不协同

5G 与智能算法在智慧物流场景中有三大应用：一是对物流节点的作业环境进行实时监控；二是对物流技术设备及相关的网络集群协同作业系统进行有效监控；三是对需要运输的货物进行监控，实现方式包括在物流作业设备上安装嵌入式芯片，借助高清视频及特殊的 AI 算法提高监控质量与效率等。

对制造业物流的智能化升级来说，基于 5G 的各项支撑技术同样发挥着至关重要的作用。例如，基于 5G 的 VR/AR 技术可以将物流网络中各个物流节点串联在一起，增强这些物流节点之间的协作，切实提高物流资源的配置效率。但很多物流节点未实现全面自动化，仍需要人工介入，无法实现信息的精准匹配，导致物流运作效率比较低。

尽管 5G + 智能工厂物流体系在建设过程中面临一些困难与挑战，但在智能制造模式下，制造业企业的物流体系亟须实现智能化转型与升级，将"以制造为中心"的模式转变为"以用户为中心",提高运输速度与效率,为智能制造企业生产效率的提升及市场竞争力的重塑提供强有力的支持。

5G 赋能智能制造的物流体系主要聚焦于制造环节和流通环节,强调实现人机协同,打造一个人性化的技术体系与管理系统。为了实现这一目标,制造业企业需要对供应链运行的全过程进行精益管理,提高信息搜集与处理能力,对整个供应链系统进行动态优化,提高供应链的可持续发展能力,提高产品生产效率,缩短产品交付周期,促使价值链各环节实现高效协同,提高盈利能力。

基于 5G 的智能制造物流体系的智能化升级需要以智能制造云平台为依托,而这个云平台是依托互联网和 IoT 构建的,集成了各项智能技术、生产设施、物流设施、信息交互技术和存储系统,可以对制造资源与能力进行全方位感知,全面收集"人、机、物、法、环"等环节的信息,对这些信息进行集成管理,为制造业供应链的智能化转型与升级提供强有力的支持。

第二部分

IoT + 智慧物流

第 5 章　IoT＋物流：构筑新一代智慧物流系统

 IoT 驱动物流数字化转型

作为互联网、大数据、AI 等新一代信息技术集成应用的产物，IoT 已经成为新一轮产业革命的重要推动力，为科技创新、经济发展、社会模式的革新及国家竞争力的重塑提供了强有力的技术支撑，在新一代智慧物流系统构建方面发挥着重要作用。

物流行业是国民经济的基础性产业，并且随着电商的快速发展，取得了重大突破，为国民经济的健康发展提供了重要保障。但现代企业与消费者对物流服务质量与时效的要求越来越高，物流企业必须改变传统的运作模式，集约化管理，引入先进技术提高资源的配置效率，引入 IoT 技术搭建信息互通共享平台，对运输、仓储、配送等环节进行智能化改造，打造新一代智慧物流系统，以实现降本增效。

IoT 是指基于互联网，利用智能终端与智能设备赋予现实世界的物体一定的感知能力，让物体可以感知自身的状态及周围的环境，还可以与其他物体交互形成的网络。事实上，IoT 可以利用各种感知设备与智能终端实现万物互联，赋予万物感知、识别、主动追踪定位、自动进行全生命周期管理等功能。

IoT 技术融合了 RFID、激光扫描、红外感应、全球定位系统（GPS）等多种技术，能够将各类设备接入互联网，实现物与物、物与人之间的泛在连接，并通过不同设备之间的信息交互实现智能化的识别、监控、定位和追踪等功能。

具体而言，IoT 在智慧物流领域的主要应用优势如下。

① 全面感知。利用 GPS、RFID 技术、红外感应技术和相关设备，实时获取仓储、运输、设备、装卸和路径等各项与货物相关物流信息，从而充分掌握货物在物流各环节的实时情况。

② 可靠传输。利用有线网络和无线网络将货物在各个物流环节中的状态信息实时共享给物流企业、用户和其他行业，并借助网络加强三方之间的交流，提高三方之间的协同性，实现一体化服务，进一步增强物流行业与其他各个行业之间的联系，达到提高物流行业的用户服务水平的目的。

③ 智能处理。充分发挥云计算、智能控制等技术在数据处理方面的优势，以智能化的方式采集、分析并整合各项物流信息，进而在数据层面为物流管理决策提供强有力的支撑，提高物流管理决策的智能化水平，深化人与物之间的沟通交流。

 # IoT + 智慧物流的关键技术

具体来看，IoT 的技术架构主要包括 4 个层次，分别是感知层、传输层、平台层和应用层。其中，感知层依赖的技术和设备包括各种类型的传感器、GPS 装置、RFID 感应器、图像捕捉装置等，功能是对现实世界的物体进行感知，尽可能全面地捕捉现实世界的信息，实现互动控制；传输层主要由各种网络和通信协议构成，将感知层采集到的信息传输到平台层；平台层主要利用云计算、大数据、AI 等技术对接收到的信息进行处理，为应用层提供一定的决策指导；应用层将 IoT 技术应用于各个细分场景，为广大用户服务。

IoT 在物流领域的应用将改变物流企业的运作方式，加快智慧物流建设进程，带给人们更优质的物流体验。下面从感知层、传输层、应用层 3 个层面对智慧物流建设需要的 IoT 关键技术进行具体分析。

感知层相关技术

在 IoT 的技术架构中，感知层能够通过实时获取物体信息，为物与物交互、人与物交互奠定良好的基础。感知层相关技术应用于物流行业，可以帮助物流企业对物流过程中的目标货物进行跟踪监控，实时掌握目标货物的位置信息与运输状态。例如，在仓储管理与货物配送方面，利用无线传感器获取目标货物的物流信息，包括所在位置、运输状态等，辅助后台远程监测系统实时监控整个物流过程；借助 IoT 终端，物流管理人员可以有针对性地优化物流运输路线，避开拥堵路段，提高物流运输效率，并对运输过程中可能发生的异常情况制定预案，以便及时处理问题，保证货物质量。

随着 IoT 技术不断发展，智能终端越来越轻便，功耗越来越小，而智能标签技术将成为 IoT 的一个关键技术。智能标签技术不仅可以自动识别物流运输的目标货物，还可以对目标货物的运输状态进行标记，并通过读取设备将目标货物在整个运输过程中的信息保存下来，建立数字档案，为物流供应链管理提供强有力的数据支撑。此外，智能标签技术还可以对物流运输车辆进行跟踪监控，为货物与物流运输车辆的智能调度、智能化仓储管理提供必要的支撑。

传输层相关技术

智慧物流需要依托互联网，借助先进的通信技术传递信息，将物流企业、用户、货物、物流运输车辆、前端传感器、后台监控系统等连接在一起，实现系统化与网络化。另外，大型物流企业的业务范围遍布世界各地，为了对货物运输过程进行远程监控，必须借助 IoT 传输层的 NB-IoT、eMTC、5G 等技术满足海量的连接需求，实现低功耗、广覆盖。

NB-IoT 是一种蜂窝网络，网络传输速率较快、覆盖范围较广、部署成本和功耗较低，支持低功耗设备在广域网实现泛在连接，能够为 GSM 网络、UMTS 网络或 LTE 网络的部署奠定良好的基础。基于 NB-IoT 构建的 IoT 平台可以助力物流企业协同控制物流运输的各个环节，提高了物流的运输效率。

应用层相关技术

应用层是为用户提供多元化物流服务的关键，体现了 IoT 技术在物流领域各个细分场景的落地应用。例如，物流行业可以依托应用层打造公共服务信息平台，收集物流领域的各种信息，优化物流资源配置，实现物流资源的高度共享，提高物流资源的利用率。

公共服务信息平台在构建过程中可以对物流运输信息进行整理、分析与处理，打破"信息壁垒"，为物流信息系统的优化、物流服务水平的提升、物流行业的数字化与智能化转型提供强有力的数据支撑。此外，物流企业还可以借助 IoT 终端提高物流系统的语音处理能力与图像处理能力，提高软硬件的使用效率，使物流系统之间可以互联互通、相互协作。

 # IoT 在智慧物流中的应用

IoT 能够打造一个分布式弱 AI 协作网络，赋予每个被管理的物品一定的感知能力，让物品从被动接受管理转变为主动组织与协同，支持被管理物品与管理者按需互动，构建一个扁平化管理架构，实现末端业务驱动，助力物流系统的各个环节实现智能化，提高各个环节的透明度与可视化水平，助力物流企业实现降本增效。具体来看，这些环节主要包括物流运输、仓储管理及物流信息共享平台建设等。

IoT在物流运输中的应用

随着我国的经济发展进入平稳增长阶段，物流行业的发展速度开始放缓，为了抢占有限的业务与市场，物流企业之间的竞争异常激烈。因此，物流企业应从核心的运输环节切入，提高物流运输效率，降低整体的运营成本。搭载IoT车载终端的物流运输车辆可以帮助物流管理人员实时了解车辆的运行状态与物品状态，及时发现道路状况，遇到交通拥堵、交通事故时能够及时调整物流运输路线。

IoT在仓储管理中的应用

仓储管理对物流企业的运营至关重要。IoT 在仓储管理环节中的应用可以提高物品入仓、出仓与清仓效率，降低人工成本，提高仓储管理的精细化、标准化、可视化水平，提高仓储管理的质量与效率。

具体来看，厘米级高精度定位技术的应用可以辅助管理人员对物品、人员进行精准定位，跟踪物品的存放位置，保证物品的安全，便于人员对其管理，提高了仓储管理效率；而二维码、RFID 和无线传感器等技术或设备的应用可以提高物品的验收效率，支持管理人员在不开箱查验的情况下对海量的物品进行搜寻与调度。

基于IoT的物流信息共享平台建设

物流信息共享平台建设可以解决各物流企业无法共享物流信息、供给端与需求端的信息不对称等问题，促进物流行业的信息流动。IoT 技术应用于物流信息共享平台建设，可以提高平台收集、处理信息的能力，提高物流企业的运作效率。例如，物流信息共享平台配备 GPS，对物流运输车辆进行跟踪监控，支持物流企业按需对物流运输车辆进行灵活调配，加强对运输环节的控制；管理人员可以通过平台搜索车牌号或运单号了解目标物流运输车辆的历史运输记录，包括运行状态、运行方向、运行速度等，结合图表、报表等工具及时发现物流运输车辆是否异常，若出现异常，则及时发出预警；为运输路线规划、费用结算等提供更精准的数据支撑。

物流企业应认识到引入IoT技术改变运营模式的重要性，积极引入IoT技术，优化人才队伍，调整组织架构，变革管理模式，提高自身的创新能力与市场竞争力，更好地应对各种挑战。此外，物流企业还应抓住机遇，与产业链上下游的企业加强协作，加强对 IoT 技术与应用的研发，在关键技术领域谋求重大突破，为物流产业的数字化、智能化转型提供强有力的技术支撑。

 # 云物流：技术融合下的物流变革

云物流是一种以云计算为技术基础和应用模式的物流平台服务。物流企业、行业协会、行业媒体、管理机构、法律机构、设备制造商、代理服务商等所有物流配送活动的参与方都可以利用云物流进行资源整合、资源展示和交流互动，从而通过多方协作实现降本增效。

物流公共信息平台

云物流中的物流公共信息平台是一个面向用户的信息交流平台，能够利用互联网、IoT、车联网、移动互联网等信息通信网络和手机、传感器、终端 POS 机、个人计算机等设备，以及搜索引擎、电子邮件、电商交易、呼叫中心、客服中心、社交平台等工具采集用户的相关数据。

此外，物流公共信息平台通过数据接口获取各类大数据，进而充分掌握物流金融、物流保险、物流公共服务、物流政策资源、物流人力资源、物流设备资源、物流方案设计能力和资源等各种物流服务信息，并利用这些信息获取虚拟的物流资源，提升物流配送能力，以便在物流公共信息平台中构建服务于用户的虚拟资源池，为用户查询物流配送等相关信息提供便利。

云计算数据中心

为了实现全方位、全流程数据的生命周期管控，物流行业需要借助云物流中的云计算数据中心来构建大数据仓库，并利用 Hadoop[1] 和流计算对物流、产

1　Hadoop：Hadoop 是 Apache 基金会开发的分布式系统基础架构。从本质上来看，Hadoop 是一个大数据软件系统运行框架。

品和用户等的相关动态数据和静态数据进行高级分级和定制化分析，并深度掌握和运用各项数据。

　　具体来说，物流企业可以通过深入分析用户的点击、收藏、评论、订单、购物车等数据来了解用户需求，掌握用户所需产品的形式、价位、摆位等信息，进而实现精准的市场预测。另外，物流企业还可以从自身的企业特点、产品特点、交通情况等方面出发，以实际情况为依据选择合适的物流中心和配送中心，并根据物流配送的实际情况和实时进度对配送线路进行调整。

物流管理平台

　　云物流中的物流管理平台具备信息共享、多方协同、资源整合、流程再造、商业智能、决策分析等诸多功能，物流企业可以通过该平台高效地完成用户订单处理、调配物流资源、设计物流方案等工作，进而简化物流配送流程，提高配送效率，为用户提供门到门的配送服务。不仅如此，基于云物流的物流管理平台还能够大幅提高物流资源识别和管控的智能化水平，为物流行业快速实现智慧物流、快捷物流和生态物流提供助力。

第 6 章 基于 IoT 的自动化物流设备管理系统

 自动化物流设备管理系统

从发展历程上来看，我国物流设备行业的发展可以分为 4 个时期，分别是人工操作物流时期、机械化物流时期、自动化物流时期和智慧物流时期。

随着科学技术的飞速发展，自动化物流设备不断升级，相关技术及应用开始向智能化、网络化、柔性化、轻型化、节能化和绿色环保的方向发展，与此同时，生产制造行业在设计产品时越来越注重产品的模块性、系列性和通用性，在降低生产成本的同时，不断提高产品质量和生产效率。

物流自动化是指在运输、装卸、包装、分拣、识别等物流作业过程中所使用的货架、堆垛机、AGV 等设备的自动化，自动化物流设备管理系统主要由自动化仓库系统、自动化运输系统、自动化分拣与拣选系统、信息管理与控制系统等构成，如图 6-1 所示。

自动装卸系统

装卸是物流作业过程中的一个重要环节。其中，卡车快速自动装卸系统凭借自身高效卸货和低成本运输的优势成为物流行业中主流的自动化技术。具体来说，该系统主要安装在卡车内部和装卸货平台中，能够为卡车和装卸货平台中的各种物流运输设备相互协作提供支持，以此实现自动装卸货物。

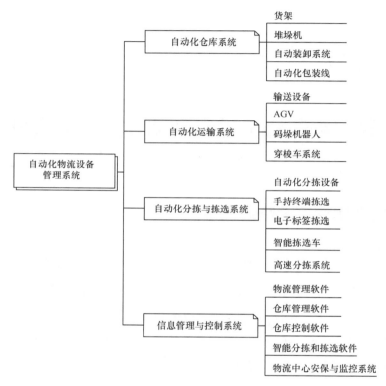

图 6-1　自动化物流设备管理系统

自动化包装线

近年来，电商的发展十分迅猛，随着电商订单量的快速增长，货物包装需求大幅增加，但传统手动包装方式存在诸多不足之处，难以满足当前电商行业在货物包装方面的需求。自动化包装线中融合了多种先进技术，能够通过"机—电—光—控"一体化来实现高效的包装作业。

自动化包装线中包含光学成像系统和控制系统等多个系统，既能高效完成货物的自动化包装工作，也能大幅压缩包装体积，达到保护环境的目的。具体来说，自动化包装线中的光学成像系统能够精准识别货物，并根据货物的实际高度来选择相应的包装纸箱，从而减少空间浪费，避免出现过度包装等情况；自动化包装线中的控制系统具有智能化的特点，能够有效控制货物的包装过程。

由此可见，自动化包装线能够解决物流行业在货物包装方面的多种难题，是物流中心实现自动化的关键。

码垛机器人

码垛机器人具有作业效率高、适应环境能力强等特点，能够在多种作业环境中代替工人高效地完成码垛工作，充分保障码垛工人的人身安全。其中，直角码垛机器人不仅结构简单，而且还具有作业半径大等优势，因此常被用于物流中心和自动化生产线的拆码垛作业。在我国，码垛机器人已经被广泛应用于烟草、饮料等行业。

穿梭车系统

穿梭车系统不仅能够满足企业和物流中心的物流运输需求，还能够凭借自身优势，高效地完成货物出库、货物入库、货物拣选等工作。具体来说，穿梭车系统的优势主要体现在以下 7 个方面。

① 在货物出库和入库方面，穿梭车系统的工作效率远超传统的自动立体库系统，能够高效地完成货物出库和货物入库工作。

② 在货物拣选方面，穿梭车系统能够快速将货物传给拣选员，大幅减少拣选员的等待时间，提高货物拣选环节的工作效率。

③ 在厂房布局方面，穿梭车系统能够从各个厂房的实际结构出发进行柔性化布局，充分利用厂房中的所有空地，避免浪费场内空间。

④ 在货物存储方面，穿梭车系统可以利用提升机连接上下工位，最大限度地提高货物存储密度和空间利用率。

⑤ 在货物排序方面，穿梭车系统能够按照一定的顺序运输货物，充分确保

运输到拣选站和生产线工位的货物在顺序上的准确度，并在不经过转运环节的前提下实现自动补货。

⑥ 在可拓展性方面，穿梭车系统可以确保仓库能够使用大量穿梭车来运输货物，以便仓库根据自身实际需求安排充足的穿梭车。

⑦ 在灵活性方面，穿梭车系统能够及时顺应市场变化，为市场需求变化较快、货物品类多样化的行业提供自动化解决方案，充分满足不同行业的运输需求。

智能拣选车

智能拣选车装配了无线局域网，融合了射频识别技术，具有自动导航功能，因此，智能拣选车既能与仓储管理系统实时交互，也能及时接收来自仓储管理系统的拣选指令，并能在作业过程中自动将自身的状态信息上传至仓储管理系统。

智能拣选车具有智能化、高效化、准确性、实时性和简便性等优势，能够在货物拣选环节发挥重要作用。具体来说，智能拣选车中有操作面板、条码扫描系统、电子标签系统和自动称重系统等多种智能化应用，其中：操作面板具有直观性和便捷性的特点，操作难度较低；条码扫描系统具有精准性、高效性的特点，能够快速扫描货物上的条码，完成识别工作；电子标签系统支持多个订单同时拣选，能够大幅提高货物的拣选效率；自动称重系统能够自动核对货物重量，提高货物拣选的准确度。

高速分拣系统

高速分拣系统能够大幅提高物流作业过程中的入库、拣选、包装、分拣、装卸等环节的作业效率。现阶段，高速分拣系统已经能够帮助电商、快速消费品、服装等多个行业实现快速分拣货物。

物流中心安保与监控系统

新技术的快速发展和广泛应用加快了物流行业实现自动化的步伐。目前，物流行业在仓储管理、安全防范等方面的自动化水平越来越高，融合了门禁、环境监控、报警控制、考勤管理、数据处理、闭路电视监控等多种数字化、网络化、智能化应用的仓库安保系统，能够借助音频传感器、视频传感器、红外线传感器等多种设备实现实时监控功能。物流中心的工作人员可以通过该系统来掌握区域内的所有仓库的实时状态，以及各方人员的实时移动轨迹。同时，物流中心的工作人员也能够及时接收警报信号并处理问题或自动上报警报信息。

一般来说，仓库安保系统中融合了 AI、多媒体、信息控制与处理等技术，能够实现视频监控、电子巡查、哨位监管、入侵探测、电子地图、出入口管控、身份识别与认证等功能，进而为物流行业构建数字化、智能化、网络化的安全技术防范系统，充分满足物流行业在仓库安保方面的需求。

 ## 基于 IoT 的自动化物流设备管理系统

在 IoT 与物流作业的融合方面，传感器技术起到了关键作用。传感器能够将其感知的温度、振动频率、电压、重力、临近物体等信息转化为可以被应用程序识别的数据，并发送到嵌入式操作系统，系统处理数据后，进一步发送相关指令指导设备运行，从而实现物流作业过程的智能化、自动化。基于 IoT大的自动化物流设备在物流作业过程中得到了充分应用。例如，在入库和出库环节可以使用货物输送机；在整理与摆放货物时，可以使用堆垛机器人；在分拣货物时，可以根据订单需求使用智能搬运机器人自主作业，而且叉车和托盘能够基本解决重型货物的搬运问题，而提升机、皮带传输机能够在分拣过程中协调运转。在整个物流作业过程中，工作人员可以实时监控和管理这些设备，不仅能够节约人力，还能有效避免货物积压、分拣错误等问题，提高物流服务的质量和效率。

基于 IoT 的自动化物流设备管理系统主要分为设备执行层、设备控制层、软件操作层和业务处理层 4 个层级，如图 6-2 所示。

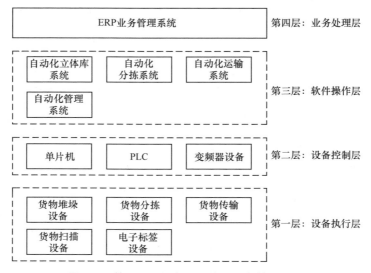

图 6-2 基于 IoT 的自动化物流设备管理系统

- 设备执行层包括货物扫描、电子标签、货物分拣等设备。
- 设备控制层对整个物流服务中设备的运转和管理起关键作用，具体包括单片机、可编程逻辑控制器（PLC）、变频器设备。
- 软件操作层主要是指相关设备的应用系统，由自动化立体库、自动化分拣、自动化运输和自动化管理等系统组成，这些设备在系统指令下进行自动化作业；本节主要介绍软件操作层系统。
- 业务处理层主要是指面向订单查询、出入库记录、运营服务等业务模块的管理软件，目前 ERP 业务管理系统的应用较为广泛，能够帮助管理者整体把握物流作业情况，在需要时还可以用于追溯或定位问题缘由。

自动化立体库系统

自动化立体库系统能够实现货物储存、整理环节的自动化，包含物流设备管理和仓库管理两个模块，如图 6-3 所示。该系统根据仓库布局、货物类别、货物分区要求等信息，对相关堆垛机、输送机等设备发送具体指令，协同完成搬运、堆垛等作业流程，以达到整理目的，整个操作过程通常在控制站中进行。

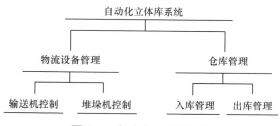

图 6-3　自动化立体库系统

自动化分拣系统

货物分拣是物流运输的重要一环，进入仓库中的货物需要根据其品类、目的地等信息分别放置在仓库的不同分区，而自动化分拣系统能够统筹管理整个分拣流程，在节约人力的同时，有效降低错误率。货物入库后，该系统通过扫描货物条码获取货物信息，并将信息和数据库中的信息匹配，做出分类判断，然后通过分流机将货物分配到连接相应分区的运输通道上，从而使货物最终到达正确分区。

在运送过程中，自动控制供件台能够保障货物有序流转，并且配以对应的传感器、监测器监控货物的情况，当货物分拣完毕时，该系统自动停止运行。自动化分拣系统如图 6-4 所示。

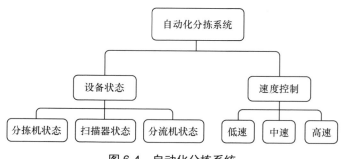

图 6-4　自动化分拣系统

自动化运输系统

货物分拣完成后，需要将部分货物运输到指定的仓库储存，在这个环节中，自动化运输系统发挥了重要作用。自动化运输系统如图 6-5 所示。

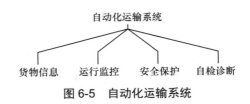

图 6-5　自动化运输系统

系统控制下的运输机可以连通不同仓库，从而实现货物在不同仓库间的快速转移，且运输机具有载重量大、安全性高等特点，能够大幅减轻人力劳动的负担，提高运输效率。同时，在货物运输过程中可以自动扫描条码"登记"，工作人员可以通过系统查询货物信息，若有出库或入库错误的情况，则可及时停止运输机，定位异常条码位置。排除故障后，该系统可以根据反馈数据进行自我诊断，从而实现对运输流程的有效维护。

自动化管理系统

自动化管理系统是自动化运输系统的管理中枢，能够综合订单信息、货物入库出库情况、物流设备编码和运行状态等信息，自动处理相关作业流程，向相关设备发送操作命令，从而实现对物流作业的自动化管理。该系统通过智能分析货物量、仓储量、设备运行效率等数据，适时调配可利用的资源，实现物流资源最大化利用。自动化管理系统见表 6-1。

表 6-1　自动化管理系统

入库处理	库内处理	出库处理	基础资料	系统管理
入库接收	监控码垛机	出库接收	用户信息	配置用户权限
入库调度	监控输送机	出库调度	设备信息	配置系统参数
入库设备状态	监控分拣线	出库设备状态	货物信息	配置策略

同时，该系统通过相关监控数据的反馈还可以实时监控各环节，及时报告异常数据，便于工作人员及时发现和处理问题。

物流企业在数字化转型的过程中，往往会在原有物流设备的基础上进行升级改造，从而获得基于 IoT 的自动化物流设备。改造方法主要是对原有设备加装传感器和自动化驱动控制器，并设置相应的自动化物流管理系统，同时，建立覆盖物流中心空间范围的数据传输网络（例如，设置若干个信息传输节点）。在物流设备与计算机系统之间实现数据互通。例如，自动化的物流管理通常包括入库、分拣、储存、出库等环节，这些环节都离不开对货物条形码的扫描识别，系统通过扫描条形码获取货物信息，然后进行入库调度，并通过分拣机分拣、运输机运送到指定位置储存，出库时根据条码进行出库调度。

基于 IoT 的自动化物流设备的应用非常广泛，涉及环节众多，上文所述的仅是其中的一部分。随着社会经济的发展，物流行业不断变化，物流设备亟须更新换代，物流技术需要创新升级，企业管理者也要调整经营策略，提高服务质量，以适应多样化的市场需求。同时，随着新技术不断发展，物流作业的自动化、智能化管理将成为物流企业的重要发展方向，AI 等技术在物流设备上的运用也会不断深化，从而进一步解放劳动力，促进物流效率不断提高。

第7章　面向数字孪生技术的数字物流平台

 ## 数字孪生在智慧物流中的应用

数字孪生是一种利用物理模型、传感器数据等相关信息在虚拟空间中构建数字化模型的新技术。数字孪生技术能够在虚拟空间中以数字化的方式呈现现实空间中的事物，并实时监测现实空间中系统的整个生命周期，同时在虚拟空间中更新各项相关数据，充分确保双方在运营流程、运转设施等方面的一致性，以便借助虚拟空间中的系统实现对现实空间中的系统开展全方位、全流程的优化升级。

近年来，AI、IoT、云计算等技术快速发展，在物流行业中的应用也越来越深入，这不仅为物流行业的发展提供了技术层面的驱动力，也为数字孪生技术在物流行业中的广泛应用打下了良好的基础。目前，数字孪生技术已经被应用于网络规划、数字仓储、数字枢纽、数字车队、订单实时跟踪等场景，为实现智慧物流提供强有力的技术支撑。

网络规划方面

在网络规划方面，数字孪生技术通过对设施选址、流量流向、运输方式等内容进行仿真，实现对各项相关规划的优化，帮助物流行业提高物流网络规划的合理性。

具体来说，数字孪生技术能够根据实际运输网络数据仿真各种不同规划中的物流网络，以及物资在物流网络中的运营情况，并精准呈现物流网络在各种情况下的运营状态，进而实现整体网络压力评估、网络瓶颈评估等功能。

数字仓储方面

数字孪生技术在数字仓储方面的应用大致可以分为两类：一类是数字库存，另一类是数字拣选。

基于数字孪生技术的数字库存主要具备两项优势：第一，数字库存能够通过仓储管理系统获取实时数据，直接呈现仓库当前的状态，以便仓库管理人员及时掌握拣货热力、上架热力等信息，提高分析和决策的效率；第二，数字库存能够在不同的业务场景中构建以再现库存为依据的数字化仿真模型，并利用该模型来提高预测的精准度，优化物流运营和物流库存分布。

以数字孪生为技术基础的数字拣选能够充分利用历史任务分配功能和仓库数字化建模地图、拣选路径执行策略等工具，实现对任务分配、人员排班、人力资源调度、人员拣选路径等方面的进一步优化。

数字枢纽方面

数字孪生技术在数字枢纽方面的应用可以分为数字场站、数字月台、数字分拣和数字安防等。

以数字孪生技术为基础的数字场站可以支持大屏、车道闸、月台摄像头、车辆预约系统等多种设备和应用同时运行、协同作用，确保车道闸能够自动识别并放行符合要求的车辆。同时，交互终端能够根据数字化建模的园区地图和相应车辆的行进路线规划自动为车辆提供指引，而车辆也能够根据交互终端的指引行驶到月台。

以数字孪生技术为基础的数字月台能够构建基于月台运行状态和作业车辆

的运行状态的数字化模型，并强化月台与作业车辆之间的联系。

以数字孪生技术为基础的数字分拣可以实现对不同分拣作业场景和运输环节的产能规划，进而提高货物分拣规划的科学性、合理性和有效性。

以数字孪生技术为基础的数字安防可以借助 5G 和 IoT 等技术实现摄像头与视频平台的有效连接，以便进一步提升仓库安防的智能化水平。

数字车队方面

数字孪生技术在数字车队中的应用是指通过综合运用 5G、AI、IoT、大数据、区块链、图像处理等多种技术来构建适用于物流运输的车联网融合创新应用体系，该体系有助于物流运输相关人员及时了解车辆位置、货物现状、司机驾驶情况等实时信息，实时监测物流运输的情况，并在此基础上利用虚拟世界中的数字化模型来优化运输线路的开通标准和设计方案等内容，以便制定符合物理世界中的实际物流运输情况的运输策略。

另外，物流运输负责人还可以借助该系统预测自身所采用的运输模式的成本和效益，并及时发现运输模式中存在的问题，以便优化运输规划和运营组织决策，避免在运输方案落地的过程中出现因规划方面的缺陷而造成损失。

订单实时跟踪方面

数字孪生技术在订单实时跟踪中的应用是指利用数字孪生模型和通用开放式协作接口等工具实现仓储、分拣枢纽、配送站点、运输车队之间的协同作用，的处理高效传输智慧物流过程中发生变化的信息，并根据实际变化情况及时调整物流规划，达到提高物流订单的时效性和控制物流成本的目的。

物流运输相关人员可以借助仓储、运输、配送等物流环节中的数字化模型，以及区块链、通用开放接口等技术手段实现对订单的全方位、全流程实时跟踪、监控、计算、分析和预警，充分保障物流的时效性，提高物流质量和自身的物流履约能力，优化用户的物流服务体验。

数字孪生技术将全面推进数字物流发展

在数字物流平台的建设过程中，数字孪生技术可以从以下 5 个方面全面推进数字物流发展。数字孪生技术推进数字物流发展的着力点如图 7-1 所示。

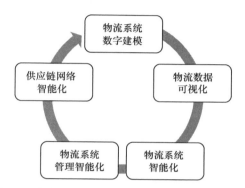

图 7-1　数字孪生技术推进数字物流发展的着力点

物流系统数字建模

物流系统数字建模是构建物流设备与系统的数字化、可视化模型，这里的设备不仅指传统的输送机、立体库，还包括新兴的物联网设备。

在仿真建模部分，目前有以下 3 种方案。

① 利用外部 3D MAX 等软件完成建模，然后导入系统。

② 利用相似的模型进行替代，或者对相似的模型进行简单变形。

③ 利用工业小颗粒组件对设备与系统进行拼接，在更细颗粒维度的软件内建模，利用这种方式创建的模型可以即建即用，极大地缩短建模周期，并降低建模成本。

物流数据可视化

想要提高孪生仿真体的应用价值，完成价值互动，关键在于提高物流系统的可信度，让整个物流系统实现"所见即所得"。价值互动可以为数字物流系统提供神经系统与传感系统，赋予物流系统模拟系统逻辑、实现系统目标的能力。与传统的仿真不同，物流数字孪生需要以功能更强大的数据总线为依托，实现IoT与业务数据、虚拟IoT与系统数据的交互。

物流数字孪生的整体目标是为还原关键设备系统构建物理交互与控制逻辑，例如，把控堆垛机的二段加减速与电控时延，提高仿真的精准度；将物联网数据与业务数据进行整合，构建一个具备信息通路与整合能力的信息传递网络，提高信息传输速度与精准度；构建虚拟IoT传感系统，检测输送流速、拥挤度等数据。

物流系统智能化

物流系统智能化可以理解为管理过程智能化，即将明确的检测与自动控制的指标和算法融入系统，支持系统进行实时检测或仿真，做出智能判断。简单来说，物流系统智能化是利用指标库创建仿真环境进行仿真的过程。这个过程要从运营的角度出发，融入数值计算、工程算法、经验公式与计算程序。

在实践过程中，物流系统智能化要创建一个以实时数据驱动的人机交互界面，通过层次细节模型来降低仿真资源消耗。通过这个仿真系统，管理者可以看到触发既定规则的问题，还可以通过快速仿真预测会发生的问题，并通过可视化的方式呈现。例如，分拣系统的拥堵信息、故障预测与健康管理信息等。

在物流行业数字化的过程中，物流系统智能化是最重要的环节。将管理者的经验和行业经验进行数字化处理，再形成指标库与经验库，是对物流系统进行预测的基础。

物流系统管理智能化

物流系统管理智能化是数字孪生的重要目标，是预测和分析等功能产生的基础，是提升系统效率的关键。在物流系统管理智能化的过程中，保证仿真的精准性、全面性与可信度，产生跨业务层的多维度的大数据是关键。这些大数据为学习网络隐含层的构建奠定了良好的基础。

目前，AI 在物流行业的应用范围有了极大的拓展，除用于货物跟踪的图像识别等技术外，利用数字孪生技术整合物流大数据，并对数据进行挖掘分析，已经成为物流系统柔性化、物流系统价值最大化的重要切入点。

供应链网络智能化

数字孪生技术在物流行业应用的最终目标就是将供应链网络智能化，也就是形成特定供应链数字孪生。当整个供应链网络通过数据总线传递信息时，就可以通过整合需求主体、制造、仓储、人力、管理、运力等信息，从而构建一个智能化的物流系统与供应链，以提高物流资源的匹配效率，降低物流资源的匹配成本，创建一个高度柔性化的供应链网络。

面向数字孪生的物流平台关键技术

构建技术

数字孪生物流平台的构建需要在低成本物流三维仿真构建技术领域取得重大突破。为突破数字孪生与仿真在物流行业应用的瓶颈，需要对整个物流行业进行三维仿真，具体包括开发通用物流服务资源工程组件库，仓储搬运类、分拣类、显示反馈类、先进制造设备类、空港物流类、冷链物流类、危险化学品物流类、货物类、建筑园区类等物流服务资源，以及可视化零代码逻辑编程系统，最终覆盖物流行业的主要服务资源，降低建模成本与时间成本，解决技术要求高的问题。

孪生仿真技术

（1）解决物流系统孪生智能体的仿真与组网分析问题

在物流资源自动化、智能化的发展趋势下，围绕物流服务资源孪生化制定相应的标准，对孪生 IoT、机器人与自动化设备、人员与车辆智能代理等进行研发，在关键设备仿真技术领域取得重大突破，具体包括 RFID 与条码识别孪生系统、工业光电等孪生传感系统、无线传感器网络与 5G 孪生系统等，为物流服务资源的快速构建提供技术支持，收集工业传感器参数与孪生镜像的相关数据，为孪生物流服务网络系统的构建奠定仿真基础。

（2）解决行业数字孪生应用适配问题

企业具有针对性的探索实践，有助于提高物流资源的适配效率，降低物流资源的适配成本，构建高度柔性化的物流网络，拓展物流行业服务资源的适用范围，为精准适配分析提供强有力的数据支撑。例如，在教育领域通过 VR/3D 混合人机交互技术、低难度低成本建模技术等开发基于虚拟现实的仓储配送综合实训课程，为教学、实训、科研、创新、竞赛等综合性教学仿真平台的构建提供了强有力的支持，为现代化、综合性物流人才的培养提供了丰富的资源。

数据总线技术

数据总线技术可以用来组建物流服务系统，将虚拟的物流服务资源与现实的物流服务资源相关联。物流服务资源存在大量异构数据，物流服务资源网络拥有复杂的信息物理系统，集成了行业硬件、IoT 系统与自动化设备，致力于数据总线技术和网络安全机制的研究，最终实现物流服务资源的虚实结合，解决数据流通和联合测试仿真的问题。

数据分析与价值挖掘技术

随着大数据技术的不断发展，数据分析与价值挖掘技术取得重大突破，数字孪生应用于物流行业的过程中，可以利用模糊分析、神经网络算法等技术对物联网数据、业务数据、人员数据、环境数据进行分析、挖掘，创建行业指标库、算法库、评价库、经验库，在此基础上，实现系统智能化与管理智能化，最终打造一个柔性的物流系统。

总而言之，数字孪生技术在物流行业的应用可以有效协调教育培训、集成与设计、运营主体与设备研发等各个主体之间的关系，提高个体经营效率，满足多样化、个性化、定制化需求，通过搭载智能化的物流系统与管理模式实现人机共智，最终降低物流资源的适配成本，提高适配效率。

随着越来越多的物流企业引入数字孪生技术，构建物流领域数字孪生仿真资产，打通数据流通渠道，必将降低物流产业链各主体的协同成本，推动整个物流行业实现数字化变革。

第三部分

智慧物流设备

第8章 数智科技引领物流设备智能化升级

 ## 物流设备：实现智慧物流的基石

技术创新是驱动产业升级的关键因素，新技术的落地应用能够促进社会经济快速发展。5G在物流行业中的落地应用不仅能够有效推动物流行业创新发展，助力物流行业加快产业革新步伐，实现产业升级；同时，还能够驱动大数据、AI等多种先进技术与物流行业的融合，为物流行业加强技术创新和应用提供强有力的支撑。

近年来，许多制造业企业积极尝试进行数字化转型，力图通过对生产模式的调整来实现定制化、柔性化生产，进而提高企业生产与物流的高效性和协同性，以精细化管理的方式来驱动智慧物流快速发展。智能化的物流系统具有升级业务规则、高效利用资源和契合用户需求的能力，能够根据制造业企业的生产需求有针对性地优化物流供应链各个环节的物流服务，提升物流服务的自动化、可视化和可控化水平。

物流技术设备是实现智慧物流的基础

物流设备是物流体系的执行系统，主要分为智能硬件和软件系统两个部分。

其中，智能硬件主要包括堆垛机、穿梭车、AGV、自主移动机器人（AMR）等设备，软件系统主要包括设备级、车间级和企业级等物流信息软件系统。随着工业 4.0 时代的到来，新技术与各行各业的融合应用日渐深入，在物流领域，新技术的应用加速了物流设备的更新换代，基于新技术的智慧物流也逐渐成为当前物流行业发展的主要方向。

对于烟草、汽车和工程机械等制造能力较强的行业，智能物流设备的应用较为广泛。从用户需求上分析，智慧物流需要进一步提升物流设备的安全性、稳定性和自主性，并加强物流设备的柔性化能力，提高物流设备在技术创新、产品创新等方面的速度；同时，也要大力支持物流设备的升级迭代和大规模应用，以物流设备的创新来驱动整个物流产业链快速发展，并不断拓展产业链的覆盖范围，力图实现物流产业链全方位发展和全域覆盖。

物流技术设备的升级迭代

由于不同领域的智慧物流解决方案各不相同，智慧物流的物流技术和物流设备需要满足的要求如图 8-1 所示。

图 8-1 智慧物流的物流技术和物流设备需要满足的要求

（1）物流单元智能化

智能化的物流设备中通常会配备具有强大感知能力的智能硬件，因此物流设备一般具备可感知、可控制和可自主决策的特点，在物流作业的过程中，可以凭借对信息的感知、交互及实时分析，实现局部自组织、自配置和自决策的功能。

（2）系统协作高效化

除了物流设备的智能化能力，智慧物流还需要进一步强化设备与设备、人与设备之间的协作，以便最大限度地提高系统资源利用率和物流作业效率。

（3）物流系统柔性化

近年来，物流技术飞速发展，消费者需求逐渐呈现个性化、多样化和定制化的特点，市场需求变化较快，基于此，柔性化将会是物流行业未来发展的主要方向，物流行业需要加快构建柔性化智慧物流系统的步伐，提高物流系统在部署、复制、扩展和异地迁移等方面的效率和灵活性，以便助力企业发展。

（4）系统运营智能化

物流行业需要充分考虑用户的需求，搭建融合互联网技术（IT）和操作转换（OT）全域数据的大数据分析平台，并以数据采集、数据清理和数据融合为数据处理手段来构建数据仓库，进而最大限度地提高各项相关数据的可视化程度，以便及时发现物流业务和物流设备中存在的问题，再利用状态检测、故障诊断、预测预警和远程运维等功能来高效处理各项问题，实时优化系统策略，从而充分保障整个物流系统运行的高效性和稳定性。

 # 5G 驱动物流设备智能化变革

以 5G 为代表的新型基础设施建设已经上升到国家战略高度，这主要是因为 5G 能够有效驱动各行各业以创新的方式向数字化、智能化发展。例如，在 5G 广泛应用的前提下，物流行业将会以更快的速度和更高的质量实现创新发展，与此同时，5G 的落地还能促进 IoT、AI、大数据等技术在物流领域的创新应用，以便物流行业以技术创新驱动应用创新。

例如，5G 在设计环节的应用能够大幅提高以模型为基础的制造设计的协同性；5G 在生产环节的应用能够规范网络标准，进而提高设备沟通的敏捷度，实现协同调度；5G 在运维环节的应用能够实现对物流设备运行情况的动态化远程监测，进而提高运维环节的数字化程度。总而言之，5G 的应用既可以大幅提高物流设备的数字化和智能化程度，也可以对智能仓储、物流追踪和自动化运输等智慧物流相关应用进行优化升级，从而达到驱动智慧物流快速发展的目的。

近年来，5G 在物流领域的应用逐渐深入，物流行业正在用不断加强 5G 的创新应用的方式来对智慧物流的连接、数据、模式等多个方面进行优化，并进一步推动物流向智能化的方向发展。

5G 网络能够针对各类应用场景在时延、带宽等方面的实际需求合理配置网络资源，因此物流行业应加快建设 5G 网络基础设施的步伐，统一企业园区的网络，并逐步降低拖链电缆、漏波电缆、红外通信和工业 Wi-Fi 的使用率，把基于 5G 的无线组网解决方案作为信息通信的主要手段。

5G 在物流设备领域的应用

5G 具有多元化的性能指标，能够安全高效地传输数据，为各种物流设备提供高速互联和远程交互等服务。5G 通信设施是"人、机、物"实现信息交互的网络基础设施，随着 5G 通信设施建设速度的不断加快，5G 与工业互联网之间的融合程度不断加深，为了在技术创新中实现高质量发展，物流领域的企业需要积极研究 5G 在各个物流业务中的应用，并通过对 5G 的研究和应用驱动行业进步。例如，物流设备企业应完善物流设备 5G 通信标准，并积极研究基于 5G 的物流设备在各个物流业务和工程项目中的应用，通过对 5G 的深度应用来推动智慧物流和智能制造等领域快速发展。

物流行业要实现数字化转型不仅要加强对 5G 的研究和应用，还要提高不同技术之间的协同性，推动各种技术在物流领域的深入应用。具体来说，若要提升物流的智能化水平，推动智慧物流创新发展，物流行业需要进一步加强物流与 5G、大数据、IoT、云计算、AI、边缘计算等新一代信息技术的融合，并推动技术创新和产品创新，同时也要最大限度地整合和利用各类资源与信息。

5G 与物流设备的融合能够促进设备升级，物流自动搬运设备和物流辅助搬运设备均可借助 5G 来实现远程实时监控、物流设备闭环控制、移动设备集群协同调度等功能，大幅提高了物料识别的精准度。同时，也可以通过综合应用 5G 和 VR/AR 等技术的方式来优化升级协同设计、虚拟培训、智能拣选、辅助装配、远程协助、辅助故障修复等功能。

物流行业在应用 5G 的基础上，进一步强化"人、机、物、法、环"之间的联系，革新物流仓储、物流配送和运输管理等物流系统，提高了各个系统的智能化程度。此外，5G 与大数据、AI 等技术的融合能够有效提高物流企业在配置生产环节的智能化水平，进而实现信息物理融合等多种功能，以便物流企业以更加智能化的方式分析处理故障，实时优化系统策略，并通过建设智能工厂的方式实现智能制造的目的。

依赖经验的人为决策受决策者个人意志的影响较大，难以充分确保决策的精准性和有效性，智慧物流通常会根据物流业务的实际情况，利用各种技术来构建决策模型，并使用模型来预测、控制和创新物流业务。在 5G 网络环境下，IoT、大数据和 AI 等技术在物流行业的发展过程中发挥着重要的作用。

- IoT：物流行业可以利用 IoT 技术对各项物流相关数据进行全程追溯，并对环境和物流作业进行控制，从而确保物流作业的高效性。同时，也可以借助 IoT 技术采集各项物流数据。
- **大数据**：物流行业可以利用大数据技术高效分析各项物流相关数据，并根据数据分析结果精准预测用户需求、设备维护和供应链，进而提高网络规划的合理性和有效性。
- AI：物流行业可以利用 AI 技术来调整和优化各个物流环节，并推动识别、运营、调度和决策等应用走向智能化，打造全流程智慧物流，促进整个物流产业创新发展。

随着各种技术不断融合创新，基于 5G 的智能化物流设备将具备更强的货物转运能力，能够以更加安全、高效的方式完成物流运输工作。随着物流行业的发展和技术的进步，智慧物流的综合性、复杂性和柔性化程度都将有所提高，物流行业需要对物流供应链进行统一的管理和调度，促进资源共享。同时，智能化的物流设备具备自主协调、自我完善和自我优化的功能，未来的智慧物流将呈现共享和自主的特点。

加速物流设备智能化变革

5G 在物流领域的应用能够有效促进 AI、边缘计算等多种技术与物流设备的融合，进而赋予物流设备更加精准高效的状态感知、信息交互和实时分析等功能，让物流设备能够以智能化的方式自主完成物料识别、自主纠错和末端引导等工作，从而通过技术融合的方式促进物流设备的创新应用。

加速物流系统调度控制技术变革

在融合了 5G 的前提下，物流行业既可以综合利用移动边缘计算技术和边云协同平台来对物流移动机器人等物流设备进行调度和控制，加强不同设备之间的协同合作；也可以在 5G 网络边缘的计算服务器上大规模部署具有定位、导航、图像识别和环境感知等功能的云物流设备，在降低成本的同时优化物流系统的调度控制能力，提高了物流行业生产搬运的高效性、灵活性及柔性化程度。

加速物流设备运维模式革新

5G 在物流领域的应用有助于物流行业提高各设备在远程监测、信息采集、故障预测和报警等方面的效率和精准度，远端设备可以通过 5G 网络将参数、运行状态、传感器数据、现场监控视频等相关数据安全、高效、精准地传输至本地监控中心，以便专业人员将数据应用到本地数字模型中，实现对远端设备的远程维护。

此外，本地监控中心也可以利用 AR 眼镜等可穿戴工具观测设备状态，并通过 5G 网络与用户交流，用远程合作的方式解决问题。

 5G 智能物流设备的案例实践

昆船集团作为一家集"科、工、贸"于一体的大型企业集团,能够为用户提供智能物流和"一站式"智能产线的系统整体解决方案。

目前,昆船集团在咨询规划、系统集成和项目施工及交付服务等方面还存在不足之处,因此需要充分利用 5G 等技术打破拖链电缆、漏波电缆、红外通信和工业 Wi-Fi 等传统通信方式在时延、带宽和可靠性等方面的限制,构建更具智能化的物流系统。并在该系统中整合、连接更加多样化的设备,进一步提高设备接入量和视觉识别的精准度,增强系统的闭环工业控制能力。同时,也要加强对基于 5G 的组网方式和智能设备的研究,进而拓展出更广阔的应用场景,促进物流行业的智能化发展。

成立云南首个5G智能制造示范基地

2019 年 8 月,昆船集团在云南省工业和信息化厅的支持下与云南移动、中信科移动(上海)和华为共同创立"智能制造 5G 应用联合创新实验基地",这是云南建立的第一个 5G 智能制造示范基地。

随着 5G 创新实验基地的落地,昆船集团不断加大对 5G 工业无线组网解决方案的研究,并在网络统一的基础上进一步加强对堆垛机、AGV、环形穿梭车和交叉带分拣机等物流设备的研究和实践。目前,昆船集团已经开发出基于 5G 的工业无线组网解决方案,并为智能制造领域提供了多种以 5G 为基础的智能设备。

打造全国首个5G全场景智慧物流设备创新孵化基地

2020 年,昆船集团与华为、中国移动、德国倍福自动化有限公司中国公司共同举办了"5G 智慧物流成果"发布会,并在发布会上表示已经在云南昆船集团物流园区建成我国首个 5G 全场景智慧物流设备创新孵化基地。

同时，昆船集团也发布了基于 5G 的堆垛机、基于 5G 的 AGV、基于 5G 的环形穿梭车、基于 5G 的交叉带分拣机等智能设备。其中，基于 5G 的堆垛机具有强大的视觉识别能力，能够通过装配的视觉识别设备实时获取条码、垛型形态和仓库货位图像等信息，并根据这些信息提高物流仓库的物料盘点效率；基于 5G 的 AGV 能够协同调度 500 台 AGV，不仅能根据系统指令高速移动，还能利用视觉传感器采集的信息来保证定位的精准度；基于 5G 的环形穿梭车能够在减小防撞距离的基础上高效完成物流运输，提高车辆的利用率；基于 5G 的交叉带分拣机能够大幅提高货物分拣的效率和准确率。

研发基于数字孪生的数字仓储系统

在建设智能制造 5G 创新实验基地的过程中，昆船集团积极把握智能制造和智慧物流快速发展带来的机遇，研究出了以数字孪生技术为基础的数字仓储系统。该系统融合了 5G、VR、AR、3D、IoT、数字仿真等多种技术，既能通过虚实交互、虚实映射和虚拟仿真的方式实现工厂级仓储，全方位监控物流配送流程和物流设备，进而为优化物流设备调度提供方便，也能够充分发挥 VR/AR 设备的作用，在虚拟世界中以远程协助、维修指引和操作指导等方式为物流行业进行维修培训、操作培训和虚拟参观提供支持。

创新基于5G的智慧物流应用场景

昆船集团在大力推动智能制造 5G 应用创新实验基地建设的同时，也在不断创新基于 5G 的智慧物流应用场景。物流行业 5G 的应用能够打破传统通信模式的限制，大幅提高物流设备的信息通信能力，充分确保物流信息的实时性、准确性和有效性。与此同时，以 5G 为基础，优化安装实施工艺并创新系统运维模式和物流设备生产制造模式，帮助物流企业减少在生产制造、安装实施和运营服务环节的成本支出，达到降本增效的目的。另外，与传统的物流设备相比，基于 5G 的物流设备具有更快的运行速度和更高的平稳性、可靠性及更强大的认知能力，设备性能和产品竞争力也能够得到提高。

昆船集团积极研究 5G、数字孪生等技术与物流的融合应用，为物流领域提供了消费者间的控制应用、AR 智能拣选系统、VR 实训实验虚拟仿真教学系统和数字仓储系统等多种新型智能化应用系统。这些应用系统在一定程度上迎合了智慧物流和智能制造的发展趋势，能够推动智慧物流的各个环节走向数字化、可视化、动态化和精细化，进而增强整个物流系统分析决策的智能化水平，并提升物流系统在操作执行方面的自动化程度。

不仅如此，昆船集团还分析研究了多个智慧物流应用场景，判断不同的智慧物流应用场景对 5G 网络的需求，而这些应用场景也遍布仓储、配送、生产加工、原材料采购及质量检测等物流业务的各个环节。昆船集团在建设 5G 应用创新实验基地的过程中不断加强对各种物流行业通用的成熟技术的应用，且已经取得了适合在智慧物流领域大规模应用的研究成果。

第9章　智能叉车：实现叉车自动化、无人化

 ## 国内外叉车产业的发展历程与现状

　　我国工业发展速度不断加快，工业领域的货物搬运需求越来越大，叉车具有装卸、堆垛、短途运输等功能，许多企业将叉车作为货物运输的重要工具。随着企业对叉车市场需求不断扩大、相关技术不断革新，目前，叉车行业已经开始向锂电化、系列化、定制化、智能化和无人化的方向发展。

　　为了进一步提高工业领域的现代化和智能化程度，我国大力支持技术创新、工艺创新和设备创新。在叉车行业，相关研发人员需要以市场需求为中心，综合考虑各项指标，将具备自动化、智能化、人性化、节能化、环保化等特点的技术和工艺应用到叉车研发中，提高叉车的智能化水平，充分满足各行各业在货物运输等方面对叉车的需求。同时，也要加大对新能源智能叉车的研发力度，促进智能物流、云智能管理等技术与叉车的融合，提高货物运输和物流管理的智能化水平。

叉车产业发展历程与现状

（1）国外叉车产业的发展历程

1917 年，美国克拉克设备公司开发出全球第一台搬运叉车；1920 年，美国克拉克设备公司生产出全球首台液压升降叉车；1923 年，美国耶鲁公司研发出全球首台 K 型电动货车叉车；1927 年，德国米亚格运输设备制造公司研制出全球首台生产堆高机；1929 年，美国克拉克设备公司研发出全球第一款液压升降系统；1934 年，美国海斯特公司开发出第一代有货叉的跨腿式叉车；1935 年，美国海斯特公司研发出具有电缆葫芦系统的 BT 型叉车；1939 年，日本力至优三菱叉车株式会社生产出日本首台电动叉车；1943 年，英国宝狮公司生产出欧洲首台电动三轮叉车。

随着技术的进步和需求的变化，世界各国均积极参与叉车的创新和研发工作，例如，德国和意大利等国家的研发人员陆续研发出具有不同性能的叉车，进一步推动了叉车行业的发展。

（2）国内叉车产业的发展历程与现状

20 世纪 50 年代，我国的叉车行业处于发展初期：1953 年，沈阳电工机械厂成功试制了我国第一台 2t 蓄电池搬运车；1954 年，沈阳电工机械厂成功试制了我国第一台 1.5t 平衡重式蓄电池叉车；1958 年，大连机械制造一厂（原名大连叉车厂）成功试制了我国第一台 5t 内燃平衡重式叉车。

现阶段，我国叉车行业生产的叉车不仅能够满足国内市场需求，还进军海外叉车市场。目前，我国叉车市场中的国产叉车品牌主要包括合力、杭叉、龙工、柳工等；我国叉车市场中的进口叉车品牌主要包括德国的林德、日本的三菱和丰田等；我国叉车市场中的中外合资叉车品牌主要包括 TCM（安徽）、斗山、小松等。随着我国工业发展速度越来越快，我国在叉车方面的需求也越来越大，巨大的市场需求和市场潜力将吸引大量叉车品牌的关注，许多全球领先的叉车品牌也在陆续进入我国叉车市场。

基于驱动方式的叉车类型划分

叉车可以根据驱动方式、结构类型、搬运质量、运动方式等分为多种类型，按驱动方式大致可将叉车分为手动驱动、液压驱动、内燃机驱动和电驱动 4 种类型。基于驱动方式的叉车类型划分如图 9-1 所示。

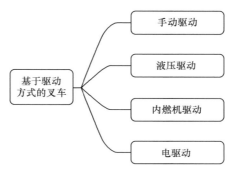

图 9-1　基于驱动方式的叉车类型划分

（1）手动驱动

手动驱动的叉车具有无火花、无电磁场、升降平衡、转向灵活、操作便捷等优势，适用于高起升货物装卸和短距离货物运输，能够在汽车装卸、易燃物品的装卸和运输、易爆物品的装卸和运输、禁火物品装卸和运输、狭小空间的货物搬运、短距离货物搬运等场景中发挥重要作用，为车间、仓库、码头、车站、货场和小型超市等场景的货物搬运提供便利。但手动驱动的叉车也存在许多不足，例如运输量小、作业效率低、作业耗时长等。

（2）液压驱动

液压驱动的叉车可分为手动液压叉车和全电动液压叉车两种。其中，手动液压叉车承载能力强，能够在短距离的重物搬运工作中发挥重要作用，但对人的依赖性较大，需要借助人力来驱动液压系统完成托盘货物升降工作和机械设备拉动工作；全电动液压叉车可以在不借助人力的情况下，利用电力控制系统完成各类货物的搬运工作，节约了人力资源，可应用于物流、仓库、商场、车间、学校、机场等多种场景。

（3）内燃机驱动

内燃机驱动的叉车可以通过燃烧柴油、汽油、液化石油、天然气等来获取动力，因此具有较强的驱动力、承载能力和续航能力，同时稳定性强，能够在户外运输场景中高效运输各类货物。但这类叉车底盘较低、质量较大，存在整体较为笨重、转向性能差等不足，且燃料造成的空气污染和发动机造成的噪声污染也远高于其他类型的叉车。

（4）电驱动

电驱动的叉车通常使用蓄电池为发动机供能，存在承载能力不足、驱动性能低、续航能力不足、稳定性低等问题。叉车研发和制造企业可以借助矢量控制交流异步电机驱动技术来为以蓄电池为动力的叉车的稳定运行提供技术支持，并进一步简化电机结构，增强操作的可控性，充分确保叉车能够长时间稳定运行。例如，比亚迪通过优化升级电池技术，进一步强化了新能源叉车的各项性能。

目前，进入市场的电动叉车均较为完善，但整个电动叉车领域还有较大的优化升级空间。例如，冷库、电动防爆等场景应用的叉车，相关研发人员应根据这些叉车的实际应用场景对电池、材料、硬件设备等进行优化改造，提高其环境适应能力，以便满足在不同场景中搬运货物的需求。

 智能叉车技术的发展趋势

目前，智能叉车已经应用于与工业生产相关的多个领域。智能叉车技术的发展趋势如图 9-2 所示。

安全性

经济的进步带动了特种设备行业的发展，场（厂）内专用机动车辆逐渐成为我国工业领域广泛使用的运输设备，但随着场（厂）内专用机动车辆的使用范围越来越广泛，各类安全问题也逐渐显露。

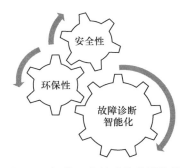

图 9-2　智能叉车技术的发展趋势

一般来说，叉车的问题主要出在挡货架的设计标准、拆除、焊补和锈蚀等方面。使用叉车的企业可以通过核查叉车资料和检查叉车外观等方式来规避以上问题。当叉车存在超重、超高、偏载、超载等情况时，极易因失去平衡而出现重大安全事故，因此，企业需要严格按照叉车的规格和额定标量来装载货物，确保在使用叉车的过程中符合各项操作规范。

环保性

为了促进叉车产业的可持续发展，叉车研发人员应提高对产品的开发能力，研发具有技术水平高、附加值高、污染物排放量低、资源使用量低、环境友好等特点的叉车。从环境保护的角度来看，内燃叉车的使用会造成噪声污染和空气污染，电动叉车的污染物排放量远低于内燃叉车，因此，叉车的研发人员既要加强对电动叉车的研发，也要加强对内燃叉车的改造，解决噪声污染和空气污染问题，提高内燃叉车的环保性。

具体来说，叉车研发人员需要找出内燃叉车中噪声污染的源头，例如，燃烧噪声、机械噪声、轮胎噪声、进排气噪声、发动机噪声、液压系统噪声、传动系统噪声等多种噪声，并针对不同的噪声分别制定解决方案。叉车研发人员还需要明确发动机的工作情况、燃油系统的工作情况、触媒转换器的现状、进/排气情况等，并针对各项问题制定相应的解决方案，从燃料入手进一步优化叉车柴油机，进而解决内燃叉车在运行过程中存在的环境污染问题。

混合动力叉车融合了电动叉车污染少和内燃叉车动力足的优势，同时还拥有比电动叉车和内燃叉车更强大的性能和更高的技术水平。随着能源技术的迅速更新和新能源应用范围的不断扩大，新能源的应用成本越来越低，由此可见，新能源叉车具有巨大的市场潜力。目前，比亚迪研制的新能源叉车具有低能耗、低噪声、高效率等优势，能够在工厂和仓库的货物搬运中发挥重要作用。未来，新能源的发展和应用会进一步革新叉车领域的产业形态，为叉车行业带来新动能，并引发新的市场需求，为叉车行业提供更加广阔的发展空间。

故障诊断智能化

智能叉车也会出现故障，因此，叉车研发和制造企业还需要加强对叉车故障诊断方式的研究。目前，我国已经研究出一种基于故障树分析的内燃叉车故障诊断专家系统和一种以专家系统为基础的内燃叉车故障诊断方法，维护人员可以利用故障诊断专家系统和诊断方法查找叉车中存在的问题，以便及时处理故障。

智能叉车中装配的电动叉车线控转向系统能够以电子方式连接转向盘和转向轮，并集成叉车中的其他系统，实现协同控制作业，但同时也增加了出现故障的概率。部分企业选择利用解析模型来解决这个问题，但因为解析模型存在精度低、复杂度高等不足，所以使用解析模型反而会增加解决鲁棒性问题的难度，为企业带来更大的麻烦。由此可见，企业需要使用以信号、知识和离散事件等为基础的方法对叉车进行分析，并集成系统结构组成、运作原理、故障类型等相关信息，充分利用滑模观测器、自适应算法、线控转向叉车模型和模型参考控制器实现对电动叉车线控转向系统传感器的故障诊断、容错控制和优化调整，从而达到完善电动叉车的故障诊断功能的目的。

为了提高自身在整个国际市场中的竞争力，我国的叉车行业需要不断加大创新力度，增强产品的多样性和专业性，开发系列化产品，扩大生产规模，并进一步提高叉车的协同性，实现多台叉车协同配合，增强风险抵御能力。对叉车行业中难以实现系列化生产的中小企业来说，要在产品升级和质量优化的同时提高生产的精细化程度，实现精细化生产。

 # AGV 叉车：让叉车变得更智能

AGV 叉车由液压升降系统、差速驱动系统、PLC 系统、导引系统、通信系统、警示系统、操作系统和动力电源构成，功能强大，可以实现点对点搬运物料，实现多个生产环节对接的物流运输，在高位仓库、库外收货区、生产线转运，以及重载、特殊搬运等场景实现广泛应用。

目前，致力于 AGV 叉车研发的企业比较多，既包括未来机器人（深圳）有限公司、苏州艾吉威机器人有限公司等机器人研发企业，也包括浙江杭叉智能科技有限公司、诺力电动叉车科技有限公司等传统叉车企业，还包括昆明船舶设备集团有限公司、深圳市今天国际物流技术股份有限公司、机科发展科技股份有限公司等系统集成商。在这些企业的努力下，AGV 叉车领域的新产品层出不穷，而且应用范围不断拓展。目前，已有许多制造商在叉车中融入自然导航、激光导航等技术，用以强化叉车的性能，但从行走方式和转弯半径等方面来看，叉车技术还有较大的优化空间。

叉车的研发和制造企业在优化 AGV 叉车时可以选择从激光引导原理、轨迹跟踪算法、控制电路改造、软件设计等方面入手，增强 AGV 叉车在行走、转向、升降等方面的性能。我国已经研制出窄巷道三向叉车和一款适用于狭窄空间的 AGV 叉车，这两款叉车能够在狭窄的空间中搬运重型货物，有效解决了在狭窄空间中搬运货物的难题。现阶段，我国叉车研发制造企业正不断加强对叉车的创新研究。

在视觉导航方面，通过在叉车上装配高清摄像头的方式来进行导航，力图借助视觉导航来减少企业在叉车方面的成本支出；推进叉车和视觉导航的智能融合，同时对叉车的工作环境进行具体分析，为强化叉车的导航功能研究出一种以跟踪器为基础的特征边缘直线跟踪方法；专门为叉车配备具有区域跟踪功能的叉车视觉导航系统，装配该系统的叉车能够精准采集周边环境的信息，并根据路径边缘和货架边缘来规划行进路线，在视觉导航的基础上实现智能化自动导航和自主运行。

在叉车移动方面，麦克纳姆轮解决了叉车转弯半径大的问题，装配了麦克纳姆轮的 AGV 叉车能够实现全方位自由移动，做到原地转向；针对 AGV 叉车存在的倾斜畸变问题，利用引导色带对 AGV 叉车进行动态倾斜标定，以便精准测量车体托盘的距离，提高 AGV 叉车的视觉导引精度和在对接托盘时实时测距的精准性，强化控制系统的鲁棒性和实时性，校正 AGV 叉车的倾斜畸变。

在功能完善方面，在慧鱼模型[1]的基础上研制具有行走、货叉、寻迹等多种功能的叉车智能机器人；利用模糊规则指导履带式搬运叉车机器人模糊自身与障碍物之间的距离，以便及时躲避外部环境中的障碍物，实现模糊避障；在 Arduino 平台的基础上研制具有连接蓝牙和手机通信等功能的无人叉车，降低人力在叉车搬运活动中的参与度；在无人叉车的控制界面中融合视觉系统，实现对叉车的实时监控，以便叉车控制人员及时了解叉车运行的相关信息并对其进行操控。

此外，激光叉车等无人叉车在无人仓储领域的应用能够大幅提高无人仓储产业的管理水平及无人仓储空间的使用率和生产效率，强化仓储系统的整体性能。以比亚迪蓝蚁 MINI 系列叉车为例，该系列的叉车融合了大数据分析和云计算等技术，能够针对不同的无人化场景制定不同的解决方案，满足各种无人化场景对货物搬运的需求，为用户创造更大的价值，同时也能够促进工业自动化。

无人叉车：实现物流全天候自动化

无人叉车是一种具有重复搬运、高强度搬运、强大的环境适应能力等特点的自动化物流设备，能够在工业领域中发挥重要作用。与传统叉车相比，无人

---

1 慧鱼模型是指利用"六面可拼接体"这种开放的零件，构建或者模拟现实设计人员的创意，完成机电一体化的工业设计为主的模型组建。

叉车融合了导航技术，能够实现无人驾驶，同时还能全天候自动作业，高效运输各类货物。无人叉车的主要优点如图 9-3 所示。

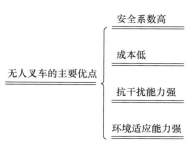

图 9-3　无人叉车的主要优点

安全系数高

无人叉车不需要人来驾驶，排除了人为因素导致的不安全、不稳定，能够大幅提高货物运输的效率、准确性和稳定性；同时，无人叉车还装配了紧急接触保险、自动保险、急停按钮、物体探测器等多种安全保护装置，能够在发生危险时保护工人、货物、设备和周围的建筑物，大幅降低工作风险。

不仅如此，无人叉车还具有路线规划和紧急避让功能，能够按照规划好的路线稳定行驶，并在遇到突发情况时自动躲避障碍或停止前进，有效防止货物在运输过程中出现磕碰，充分确保货物运输的安全。

成本低

无人叉车可以按照规划好的路线和既定的工作内容自动搬运货物，同时还能够实现全天候、不间断工作，大幅提高了货物搬运效率，降低了人力成本。另外，相关工作人员可以借助监控系统来实时获取各台叉车的位置和运行情况，并同时向多台叉车发布指令，实时监控和指挥多台叉车，进一步节约人力资源。

抗干扰能力强

无人叉车能够根据实际工作场地合理规划搬运线路，并在遇到较大的障碍物时开启安全保险装置,通过自动停车或自动避让的方式防止出现货物磕碰,并根据实际情况灵活调整搬运线路,有效避免灰尘、噪声、地面障碍物等环境因素对搬运工作造成的干扰。

无人叉车具有稳定性强、可靠性强、抗干扰能力强等诸多优势,即使多辆叉车同时作业,也能够合理规划货物运输的路线,不会出现车辆碰撞或货物磕碰的问题。不仅如此,无人叉车在运输货物时还能有效确保货物摆放位置精准、摆放方式规范,充分满足企业在自动化、柔性化和连续性生产方面的要求。

环境适应能力强

无人叉车能够适应极寒、炎热、无光等恶劣环境,可以在一些危险系数较高的行业或某些特种行业中发挥重要作用。

随着科技水平的不断进步,5G、IoT、大数据、云计算等技术在各行各业中的应用日渐广泛和成熟。未来,研发人员也要将各类技术融入无人叉车中,提高无人叉车的智能化作业水平,赋予无人叉车更丰富的功能,例如,实时感应、安全识别、多重避障、智能决策、自动执行等。

不仅如此,智能化的无人叉车还应具备全面感知、硬件单元互操作等功能。多台智能化无人叉车可以共同组成叉车车队,并在此基础上构建叉车车队智慧系统。同时,智能化的无人叉车还能够与其他智能化物流设备互动。由此可见,技术的发展和应用将推动无人叉车的快速发展,未来,无人叉车将呈现高速化、实用化、轻型化、专用化、标准化、成套化和系统化的发展趋势。

 智能技术在叉车领域的应用

随着叉车行业的快速发展,叉车应用逐渐普及,需要使用叉车来搬运的货物种类也越来越丰富。叉车研发企业开发出各种叉车来满足不同货物的搬运需求,并在叉车研发过程中综合考虑外观、操作、人机协作等诸多因素,充分确保叉车的多样性、安全性、便捷性和舒适性。另外，部分叉车研发企业将各类高新技术与叉车进行融合，研制出防爆叉车、越野叉车、电动仓储叉车、集装箱堆高机等产品，充分满足了用户的个性化需求。未来，随着用户需求越来越多样化，叉车行业还将呈现定制化的发展趋势。

叉车与5G结合

随着 5G 时代的来临，叉车的智能化程度得到进一步提高，出现了一种以 5G 为技术基础的剪叉车无线遥控装置，当该装置被装配到智能叉车上时，叉车可以实现无人驾驶；当该装置被装配到 AGV 叉车上时，叉车可以远程接收并执行相关工作人员的指令，实现全程自动化。

叉车与无人仓储结合

5G 等新一代信息技术的进步推动了无人仓储的快速发展，但目前无人仓储在技术、设备、子系统、人机协同、集群处理等方面还存在许多不足之处。而 AGV 相关技术在叉车领域的应用，不仅有效推动了物流仓储快速向自动化和智能化的方向发展，还有助于叉车行业构建自动化的应用管理等系统，进一步优化物流管理，助力打造能够覆盖整个流程的物流管理体系，进而提高物流运输的可视化程度，实现物流信息可追溯，以便企业对仓储货物进行实时动态的监控和管理。

现阶段，我国已经通过有机结合装载机和大吨位叉车的方式研制出叉装机，如果将 5G 等新一代信息技术融入叉装机中，那么叉装机的货物搬运量将大幅增加，无人仓储的货物进出量将大幅提升，货物运输过程的信息化、可视化和智能化的程度也将进一步提高。

叉车与视觉技术结合

视觉技术在无人叉车中的应用能够有效提高叉车的环境适应能力，便于叉车在不同的应用场景中发挥作用，而在此基础上，加强对边缘计算和无人驾驶等技术的融合应用还能够进一步提高叉车的智能化水平。

目前，磁条导航、激光导航等方式难以充分满足叉车在不同应用场景中的导航需求，视觉导航能够为叉车动态规划行进线路，灵活应对叉车运行过程中遇到障碍物等问题，因此，未来装配视觉导航的叉车数量可能会越来越多。

近年来，智能制造飞速发展，并逐渐成为世界各国大力发展的重点领域。智能制造既能为我国建设工业互联网提供助力，也能为我国深化"互联网＋先进制造业"发展打下坚实基础，进而有效推动各大产业实现高质量发展。未来，叉车产业将向智能化、小型化、无人化和新能源化的方向发展，并与智能制造相互促进，为我国社会经济的高质量发展提供强有力的支撑。

第10章 物流机器人：助力物流企业提质增效

 ## 物流机器人崛起的驱动因素

物流机器人是一种工业机器人，主要用于解决物流企业人力成本过高、人员工作量过大、物流效率低、业务高峰期仓储作业能力不足等问题。根据不同的应用场景，物流机器人可以分为不同的类型，包括 AGV、AMR、码垛机器人、分拣机器人、有轨制导车辆、无人配送机器人等。

我国移动机器人产业联盟发布数据显示，2021 年我国物流机器人销量达 7.2 万台，同比增长 75.61%；物流机器人行业市场规模达 126 亿元，同比增长 63.6%，其中，AGV 市场规模从 2017 年的 28.5 亿元增长至 2021 年的 87.7 亿元，年均复合增长率达 32.45%。物流机器人市场的快速发展离不开旺盛市场需求的驱动。

物流机器人可以驱动制造业的智能化转型

制造业的智能化转型对智能物流提出了更高的要求。对于制造业企业，物流是一个非常重要的环节，直接关系着企业的生产效率、生产成本和生产设备的利用率。因此，在智能制造快速发展的背景下，物流也要向着自动化、智能化的方向转型升级，而这就使制造业对物流机器人的需求持续上涨。因此，一大批物流机器人研发和制造企业开始聚焦制造行业对智能物流的需求，加快相关技术与产品的研发，希望率先占领市场。

物流机器人能够提升电商的订单履约能力

现代物流可以说是伴随电商的兴起而快速发展的，目前，虽然电商的发展速度放缓，但是电商已经融入人们的生活，成为一种主流的消费方式。各个电商平台的每日订单量仍处于较高水平，而且涉及的产品品类繁多、碎片化现象严重、订单峰值时长异于寻常，这给订单履约带来了一定的挑战。电商企业想要提高竞争力，必须提高订单履约能力，将产品在最短时间内交付至消费者手中。

电商企业订单履约能力的提升离不开物流机器人的支持。一方面，物流机器人的应用可以提高产品拣选效率，帮助电商企业更好地应对电商销售的波峰和波谷问题；另一方面，物流机器人的应用可以提高仓储的智能化水平，提高仓储管理质量与效率，降低库存和仓储管理成本。

未来，在直播电商等新兴商业模式的推动下，电商将呈现稳步增长的态势，各平台的订单量仍将持续增长，对物流机器人的需求依然旺盛。为此，物流机器人企业必须加强对相关领域新技术、新产品的研发，满足电商企业对产品拣选效率、仓储管理水平、订单配送时效等方面的需求。

快递末端物流配送释放大量需求

随着线上购物的消费者越来越多，快递末端物流配送需求持续增长，亟须解决"最后一公里"的配送问题，带给消费者更满意的线上购物体验。在解决物流配送问题方面，无人配送物流车/物流机器人表现出巨大的应用潜力。

近几年，各快递企业纷纷加大了对无人配送物流车/物流机器人的研发力度，依托快速发展的AI、机器视觉、高精度地图等技术，不断提高无人配送物流车/物流机器人的性能，无人配送物流车/物流机器人在食品配送、医药配送等领域得到了广泛应用。未来，电商、线下商超、医药、食品等行业的末端配送需求仍将持续增长，对无人配送物流车/物流机器人产生大量需求。

中国物流机器人的"走出去"战略

近年来，中国物流机器人企业不断加大在技术研发、产品研发方面的投入，使物流机器人的性能不断提升，而且相较于国外的物流机器人具有明显的价格优势，在海外市场备受青睐，这为物流机器人企业拓展海外市场奠定了重要基础。一方面，欧美等国家和地区因为人力成本较高，物流企业需要使用物流机器人实现降本增效；另一方面，东南亚等地区的物流企业需要引入物流机器人提高工作效率。广阔的海外市场驱动我国的物流机器人企业相继制定了"走出去"战略。在内外因素的综合影响下，海康机器人、新松机器人等公司的物流机器人相继进入海外市场，业务范围遍及全球各地。

 ## 物流机器人及其应用

物流机器人集成应用了多项技术，物流机器人行业的发展离不开技术创新的支持，包括导航定位技术、智能感知技术、运动控制技术、自动驾驶技术、精准驱动技术等。面对广阔的市场发展空间和激烈的市场竞争，物流机器人企业必须持续加大在新技术、新产品研发领域的投入，在关键技术、核心技术领域寻求重大突破，只有这样才能抢占市场发展机遇，在未来的物流机器人市场占据一席之地。

近年来，物流机器人领域出现了很多新产品、新应用，包括自主移动机器人、料箱机器人、复合型机器人等。

自主移动机器人

相较于传统的 AGV，自主移动机器人的性能得到了大幅提升，可以自主感知周围的环境、躲避障碍物、自动导航、智能跟随等，不需要工作人员在工作场地敷设导引线、贴地标线。最重要的是，自主移动机器人可以重构地图以适应不断变更的生产作业流程，不需要工作人员重新部署环境，极大地提高了室内物流的柔性化水平与作业效率。

基于如此丰富且强大的功能，自主移动机器人被视为物流机器人未来的发展方向，吸引了很多企业布局，其中既包括海康机器人、快仓智能、灵动科技等机器人企业，也包括京东物流、旷视科技等系统集成商。这些企业通过自主创新均推出了不同类型的自主移动机器人，为后续的技术创新与产品创新奠定了良好的基础。

料箱机器人

料箱机器人以立体货到人技术、密集仓储技术及穿梭车机器人、往复式提升机、料箱输送线、智能拣选台、料箱货架等设备与应用为基础，可以对料箱级的货物进行综合处理，例如：对货物进行立体存储；对海量订单进行快速拣选，实现货物的快速出库、入库；将货箱或者货架自动输送到人等。料箱机器人不仅能够提高仓储空间的利用率，满足大量存货单位（SKU）的存储需求，还可以提高货物的拣选效率及拣选的准确率，满足大量订单的快速拣选需求，与外围自动化拣选系统相互协作，实现订单的全自动无人化拣选。

近年来，很多物流机器人企业专注于料箱机器人的研发，并创造出一系列典型应用与产品，其中包括极智嘉研发的C200M"货箱到人"机器人、牧星智能研发的周转箱机器人——Z-50s、海柔创新研发的双深位料箱机器人库宝——HAIPICK A42D等。

复合型机器人

复合型机器人集成了多项智能技术，集"手、脚"的功能于一体，兼具协作机器人和移动机器人的双重功能。复合型机器人应用于物流领域可以实现货物的智能分拣与自动化搬运，满足柔性化生产需求。

目前，在复合型机器人领域，新松机器人是一家具有代表性的企业，其研发了国内第一台 20kg 级智能型复合协作机器人——HCR20，可以对货物进行自动分拣与搬运，实现自动上下料，被广泛应用于工厂、超市、仓库等场所。

2020 年，移动机器人行业的领军者——快仓智能发布了一款"手脚并用"的复合型机器人，这款机器人集成应用了基于即时定位与地图构建（SLAM）技术的激光导航、地图融合混合导航、计算机视觉、机器学习等技术，具备协作机器人和移动机器人的双重功能，可以应用于生产物流、仓储物流，实现物料的自动搬运与自动上下料，还可以承担一些对精度要求比较高的任务，提高了作业效率与准确率。

 # 物流机器人的三大关键技术

物流机器人企业在迎来良好的市场发展机遇的同时，也面对诸多挑战。一方面，物流企业积极推进智能化转型，对物流机器人产生了大量需求，使物流机器人市场需求愈发旺盛。同时，随着各项技术的快速发展，物流机器人的性能不断提升，市场应用空间越来越广，发展前景值得期待。另一方面，物流机器人行业已经进入整合阶段，市场竞争愈发激烈，将呈现明显的"马太效应"，导致企业之间的差距越来越大。在此形势下，企业想要在竞争激烈的市场中立足，必须把握技术的发展趋势，制定科学的发展战略，进行合理的市场布局。

物流机器人涉及很多关键技术，主要包括导航技术、运动控制技术和感知技术等，下面对这些技术进行具体分析。

导航技术

在物流机器人相关的众多关键技术中，导航技术是一项核心技术。

近年来，物流机器人的导航技术不断迭代，从传统的磁导航、二维码导航、惯性导航向激光导航、视觉导航等方向不断发展，催生多种导航方式混用的复合导航技术，例如"二维码导航＋惯性导航""激光导航＋磁钉导航"等。复合导航技术可以弥补单一导航技术的缺陷，提高定位精度，消除导航盲区，保证机器人定位的稳定性。

运动控制技术

在不断发展的 5G、AI、云计算等技术的赋能下，物流机器人的智能化、柔性化水平不断提升。

旷视科技利用自己掌握的 AI 算法打造了业内第一款机器人网络操作系统——"河图"系统，该系统具备同构仿真和自适应动态调优的能力，可以灵活调度仓库内的设备，拥有丰富的业务控制功能，通过优化管理库位和库存，最大限度释放仓库的效能，将涵盖了多品种产品、拥有多种复杂设备的大型无人仓打造成一个运作效率更高、可以实现智能调度与生态连接的智能无人仓。

海康机器人利用 AI 算法与低时延通信技术打造了一套多机器人协同系统，实现了多台机器人的协同控制，提高了机器人的避障能力与行驶路径的规划能力，让机器人可以通过相互协作完成超重物件或者大尺寸物件的搬运任务。在协作过程中，参与搬运的机器人可以通过高性能通信模块相互交流，保证动作的协调性与行驶方向的一致性。

感知技术

随着视觉感知、传感测试等技术的不断发展，物流机器人的物品识别能力、姿态感知能力、位置判断能力及货物自动抓取能力取得了突破性进展，可以有效应对多品种、小批量、多批次的拣货任务，提高拣货环节的自动化水平，进而提高整个物流作业过程的自动化水平。在物流机器人配套产品领域，企业的不断创新使物流机器人的配套产品不断丰富，功能越来越强大。

例如，海康威视为分拣机器人研发了一款"一站式"自动换电设备——自动换电站，支持机器人自动更换电池，完成整个过程只需要 2 分钟。与之前的充电模式相比，更换电池的效率更高，更有利于机器人实现全天候工作。

此外，上海同普电力技术有限公司、湖北科峰智能传动股份有限公司、和利时科技集团有限公司等都在物流机器人零部件领域积极布局，开发出众多 AGV 零部件产品，包括伺服电机、控制器等，为物流机器人的发展提供了强有力的支持。

物流机器人技术应用的未来趋势

在物流行业向着自动化、智能化方向发展的大背景下，物流机器人技术与应用必将向智能化、柔性化的方向发展。物流机器人技术应用的未来趋势如图 10-1 所示。

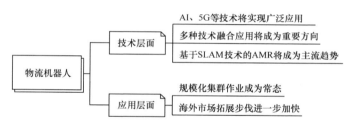

图 10-1　物流机器人技术应用的未来趋势

技术层面

（1）AI、5G 等技术将实现广泛应用

面对愈发激烈的市场竞争，物流机器人企业为了在市场上赢得一席之地，在各个细分领域深挖，借助不断成熟的 AI、5G 等技术开拓新市场。

在 AI 技术的支持下，物流机器人企业可以广泛地收集行业数据，对数据进行深度挖掘，判断行业发展的方向，寻找新的经济增长点；物流机器人企业还可以通过数据分析发现业务运作过程中存在的缺陷，优化业务流程，提高整体的运营效率及自动化效率。

在 5G 技术的支持下，工厂及工厂内的人、设备、物料等可以相互连接，物流运输的"点、线、场"可以实现数字化转型，有效提升物流的运输效率。对于物流机器人来说，其内部搭载的导航控制器将成为物联网中一个具体的边缘计算节点，促使机器人与机器人、机器人与人、机器人与物实现深度融合，切实提高自身的灵敏度，在更多的工作场景中实现自主运行。

总而言之，随着应用场景的不断拓展，物流机器人将集成应用更多的新技术，提高自身的智能化水平，增强对复杂环境的感知能力，提高作业效率，满足复杂作业对精准度及柔性化水平的要求。

（2）多种技术融合应用将成为重要方向

随着应用场景愈发复杂，物流企业对物流机器人的运行效率、运行稳定性及应对柔性化生产的能力提出更高的要求。仅凭单一的技术，物流机器人很难满足这些要求，势必要对多种技术进行集成应用，例如，物流机器人企业将 AGV 与机械手、货叉等相结合研发复合型机器人，对多种导航技术集成应用研发复合导航技术，这些都将成为物流机器人未来的发展方向。

（3）基于 SLAM 技术的 AMR 将成为主流趋势

SLAM 技术可以根据所处环境中的自然特征进行自主定位与导航，为 AGV、AMR 规划复杂的行驶路径，且容易部署、应用，可以适应比较复杂的环境及业务经常变化的场景。

未来，随着 SLAM 技术的不断发展，基于 SLAM 技术的 AMR 智能化、自主化程度更高，将取代 AGV，在生产物流、仓储管理、出库、入库等物流场景实现广泛应用，成为物流行业的主流趋势。

应用层面

在应用层面，物流机器人表现出两大发展趋势。

（1）规模化集群作业成为常态

随着智能导航技术、运动控制技术、感知技术等关键技术的不断发展，原本只能在室内作业的物流机器人将逐渐走向室外，可以适应的应用场景愈发多元化，可以广泛应用于物流作业的各个环节，实现规模化集群作业。

例如，在仓储管理与货物拣选环节，仓库可以引入智能料箱机器人和智能载具搬运机器人，充分发挥智能料箱机器人工作效率高、稳定性好，智能载具搬运机器人小巧灵活、运行高效等优势，并让这两类机器人相互协作。一方面实现密集存储，提高存储空间的利用率；另一方面实现货到人拣选，提高拣选的效率，满足大量货物同时出库、入库的需求，提高货物拆零拣选的效率，高效应对海量货物退货的现象。

（2）海外市场拓展步伐进一步加快

物流机器人企业想要实现可持续发展，不仅要聚焦国内市场，不断扩大国内市场的占有份额，更要积极推进技术创新，不断研发新产品、新应用，凭借技术优势与成本优势持续拓展海外市场，扩大在海外市场的份额，以获得更广阔的发展空间。

 # 我国物流机器人产业的发展对策

近年来，在国家政策的支持及快速发展的 AI、5G 等技术的辅助下，无人配送领域实现了快速发展。在此形势下，我国物流机器人产业表现出强劲的发展势头，不仅在关键技术领域不断取得重大突破，而且研发的新产品在很多领域实现了广泛应用。

与此同时，我国物流机器人的发展也面临着一些问题，例如，核心技术滞后、产品同质化现象比较严重、行业规范与标准不完善等。物流机器人产业想要实现健康可持续发展，必须解决这些问题，切实提高物流机器人的应用水平。

提升物流机器人核心技术

机器人有 3 个核心零部件，分别是控制器、伺服电机和减速机，这 3 个核心零部件的性能直接决定了机器人的性能。我国物流机器人企业应尽快突破关键零

部件领域的技术瓶颈，致力于高端产品研发，向产业链上游进军，具体措施包括
以下两个方面。

- 我国物流机器人企业要持续加大在减速器、伺服电机、驱动器、控制器
  等关键零部件领域的研发投入，提高零部件的性能与质量，实现批量化
  生产，降低对进口零部件的依赖，从而降低物流机器人的生产成本。
- 我国物流机器人企业要尝试集成应用多种技术，自主研发 AMR、复合型
  机器人等产品，不断提高产品的附加值，向产业链上游发展。

构建有利于竞争的良性市场环境

我国物流行业一是要制定统一的管理制度，强化物流行业管理规范，根据
《"十四五"机器人产业发展规划》等相关政策的要求，进一步推动物流机器人
的产业化发展；二是要支持物流机器人企业主动申报，对符合物流行业规范的物
流机器人企业进行公告，并出台相关优惠政策；三是统计物流机器人的产值、收
入和利润等，为政策制定和产业研究提供强有力的数据支撑。

建立健全物流机器人产业标准体系

必须构建统一的机器人产业标准体系。在这个过程中，我国要鼓励行业骨
干企业加快制定产业发展相关的国家标准、行业标准和产品标准等，创建一个
统一的、与国际先进水平接轨的、符合我国国情的物流机器人产业标准体系。

近年来，在物流机器人发展标准制定方面，我国取得了一系列成就。例如，
2020 年中国移动机器人产业联盟发布了"工业应用移动机器人六项团体标准"；
2022 年，海康机器人牵头组织编写的 GB/T 20721—2022《自动导引车通用技
术条件》和 GB/T 41402—2022《物流机器人 信息系统通用技术规范》两项物
流机器人国家标准正式发布。随着行业标准进一步完善，我国物流机器人行业
实现长远、健康的发展指日可待。

加大对技术人才的培养力度

应加强物流机器人领域专业人才的教育和培训，面向机器人系统集成、安装、调试、操作、维护、运行、管理等环节培养类型丰富、层次多元的应用型人才，充分发挥人才的带动作用，促进我国物流机器人行业快速发展。我国物流机器人企业应与高校、科研机构积极合作，合作方式可以是知识产权共享、技术股权分配等。物流机器人企业可以自行设立或与其他参与方共同设立科研经费和专项基金，资助高校或者科研机构开展相关领域的技术与学术研究活动。同时，高校与科研机构的相关人员可以主动承担或参与企业的重大技术研发项目，深入了解产业的发展需要，有针对性地进行技术开发和学术研究。

第 11 章　智能仓储机器人

 智能仓储机器人产业的发展现状和发展趋势

智能仓储机器人产业的发展现状

在仓储机器人发展初期，传送带和相关机械是其应用的主要形式，企业通过仓储机器人进行仓储物流作业，实现从人工作业到自动化作业的转变。

随着机器人技术的不断进步，智能仓储机器人应运而生，并逐渐被广泛应用于物流领域，为仓库物资储运提供便利。例如，装配了电磁或光学自动引导装置的 AGV 能够按照提前设定好的路线搬运货物，在将货物高效送达目的地的同时免去人工参与，从而达到提高作业效率和节约人工成本的目的。但 AGV 无法代替人来完成货物分拣等工作，因此企业可以搭建一个立方体网格架系统，将装货物的箱子置于立方体网格中，智能仓储机器人可以按照既定的程序将货物搬运至目的地。当需要搬运的箱子位于底层时，智能仓储机器人还可以先将顶部的箱子搬下来再搬运目标箱子，并在完成目标箱子的搬运工作后将搬下来的箱子放回原处，进而实现高效作业。

　　研发人员将机械手、机械臂等智能设备，以及感知、视觉等智能系统与仓储机器人融合，推动仓储机器人再次升级，进一步提高仓储机器人的智能化程度及作业的效率和准确性，同时工作人员也可以直接通过人机交互界面和智能物流管理系统操控仓储机器人高效完成各项与仓储物流相关的工作。现阶段的智能仓储机器人既可以精准高效地完成按需取货和打包等工作，也可以凭借自身的自动导航功能合理规划行进路线，以便顺利穿梭于各个货架之间，精准识别、拿取和打包所需货物，并及时安排充电，为仓储系统的稳定运行提供支撑。

　　随着我国电商市场的发展，物流订单量迅速增长，消费者对物流效率、物流服务质量的要求也越来越高，人力密集型的仓储作业活动已经无法满足市场需求，伴随着人力成本不断上升，物流智能化、自动化是未来行业发展的必然趋势。为了解决效率、成本问题并满足多样化的物流需求，许多物流企业大力推进智能仓储转型，多种形式的智能仓储机器人逐渐投入实际应用。例如搬运机器人、货物分拣机器人、末端配送机器人等。

　　货物分拣机器人具有承重高、运行速度快等优势，能够迅速定位订单中货物的位置，并根据货物的位置信息和仓库的结构合理规划拣货路线，进而实现高效拣货和打包。货物分拣机器人在仓储物流领域的广泛应用能够大幅降低企业在物流分拣环节的压力，同时也能提高货物分拣的准确性和物流作业的高效性。

　　末端配送机器人具有自主感知、运动规划和智能识别等多种功能，能够及时接收和处理配送请求，并自动规划配送路线，从而实现货物高效配送上门，减轻了企业在货物配送方面的压力。同时，用户也可以利用手机下单配送货物，并使用电子扫描的方式签收货物，由此可见，末端配送机器人不仅能提高配送效率，还能为用户提供更多便利。

智能仓储机器人产业的发展趋势

　　智能仓储机器人的应用能够大幅提高工作效率，降低人力成本。因此，仓储物流行业需要对仓储机器人进行优化升级，开发更多、更先进的中载和重载复合型机器人，提高机器人在货物存储和运输方面的能力。同时，仓储物流行业还应提高仓储机器人的智能化程度，进而实现仓储管理准确性、货物识别效率、货物分拣效率和进出货处理效率的大幅提高，达到改善库存周转率的目的，充分满足电商和冷链物流行业的配送需求。

机器人技术在仓储物流领域的应用能够降低土地和劳动力的使用量，进而帮助企业减少在仓库和劳动力方面的成本支出。不仅如此，我国也陆续推出多项政策，支持和鼓励仓储物流行业加强对智能仓储机器人的研发，并力图通过产品研发和技术创新来推动机器人产业快速发展。同时，我国也要不断增强机器人的可靠性、安全性、可操作性及可维护性，加强对重载 AGV、双臂机器人、真空机器人、弧焊机器人、人机协作机器人、全自主编程智能工业机器人等各类工业机器人的研究和应用，进而推动智能仓储机器人进一步升级，促进我国智能仓储机器人高质量发展。

现阶段，我国部分企业已经开始构建智慧物流中心，并将智能仓储机器人运用到入库、存储、拣货、包装、分拣、装车等环节，力图通过智能仓储机器人的广泛应用来实现仓储物流全流程自动化、智能化，从而达到提高仓储运营效率和减少能耗的目的。由此可见，智能仓储机器人技术的快速发展和广泛应用将推动仓储物流领域创新发展。

就目前来看，智能化已经成为仓储物流行业的重要发展趋势，众多发达国家在仓储物流领域大力推广智能仓储机器人技术及其相关应用，并通过大规模使用智能仓储机器人来提升工作效率、节省订单处理时间、减少劳动成本支出，进而推动仓储物流行业实现快速、高质量发展。我国智能仓储机器人产业也取得了不错的成绩。例如，部分企业针对大重量、大体积的货物研发了稳定性更高的搬运机器人，这类搬运机器人能够在搬运大重量货物的同时完成升降、旋转、进退、拐弯等多种操作，且搬运货物时机器人的运行速度达到 1m/s，另外，这类机器人还具备自主充电功能，能够在电量不足时快速充满电量，避免影响搬运工作，由此可见，这类搬运机器人在仓储物流中的应用能够大幅提高大重量、大体积货物的搬运效率。

近年来，我国大力发展机器人产业，并采取多项措施支持机器人技术研发工作，机器人技术在智能仓储物流领域的广泛应用既有助于革新仓储物流的经营管理模式，也能够大幅提高仓储物流的作业效率，为我国经济的高质量发展提供助力。

 ## 智能仓储机器人的应用

智能仓储机器人主要负责搬运、码垛、拣选等工作。其中，AGV 能够自动装卸货物，并按设定的路线行驶。AGV 融合了 2D 激光、惯性测量单元（IMU）等多种技术，具有自动无轨导航功能，能够在没有地面标识的情况下，借助自身配备的传感器感知周围环境信息、确定目标货物位置、规划行进路径、自主规避障碍，从而顺利到达目标货物位置并完成任务指令，同时 AGV 还具有协作功能，能够与其他机器人协同工作。

此外，AGV 还具备运行速度快、能够自主安排充电等优势，以及多层安全监测和声光警示等功能，既可以充分保证运行的稳定性，也可以适应无光的作业环境，满足多样化的应用需求，在仓储物流领域发挥着重要作用。就目前来看，AGV 在仓储物流领域有着十分广阔的应用空间和发展前景，其智能化、自动化、多样化的功能也能够满足大多数仓储物流系统的需求，同时，随着机器人技术的不断进步，AGV 还将继续升级，充分满足不同企业、不同项目和不同作业环境对仓储运输的要求，从而为物流企业提供更具针对性的服务。

自主移动机器人、货架单元、视频监控单元和综合控制单元是智能仓储系统的重要组成部分，各个单元分别有专属的功能系统，同时也能互相协调，共同完成工作任务。

从运作流程来看，首先，在指令传输环节，仓库管理人员需要利用呼叫设备将作业指令传输至综合控制单元；其次，在货物状态信息确认环节，综合控制单元会借助仓储信息管理模块在货架单元中查询货物状态信息；最后，在发布指令环节，调度模块会以 AGV 的状态为依据来发布具体的搬运指令。

AGV 等智能仓储机器人需要及时根据搬运指令来规划出最优搬运路线，并将其传送至综合控制单元，以便综合控制单元分析、提取和传送搬运路线相关信息，让门控单元能够精准掌握合适的开门时间。同时，视频监控单元会对全过程进行监控，并向综合控制单元传送实时动态信息，以便综合控制单元及时发现和识别其中出现的问题并进行告警处理。由此可见，智能仓储系统在仓储物流领域的应用能够大幅提高仓库智能化管理水平，促进仓库管理智能化发展。

海康智能仓储机器人系统

海康机器人作为业内领先的物联网解决方案和物流服务提供商，通过技术创新，改变了仓储作业环节传统的"人找货""货架到人"模式，实现了"货到人"的仓储作业模式升级。该模式下，货物的流动由机器人完成，操作员只需要在操作台前完成货物拣选、上下架等工作。这大幅提升了作业效率，降低了劳动强度，为仓储物流作业的安全性、时效性提供了保障。

海康机器人的智能仓储机器人系统主要由 3 个部分组成，分别为智能仓储管理系统（IWMS）、机器人控制系统（RCS）和智能仓储机器人。

（1）智能仓储管理系统

该系统作为上层的业务统筹管理系统，集成了智能感知、信息整合、资源统筹等自动化仓储技术，可以实现仓库储位的冷热度分析、货架整理等功能，满足了生产入库、采购入库、生产领料、成品出库等多项业务场景需求。同时通过综合分析货物体积和货架空间数据，实现了对仓储空间的充分利用。

（2）机器人控制系统

该系统可以对范围内所有机器人进行有效控制，包括机器人的任务分配、运输调度和运行维护等。该系统基于智能算法模型，并综合运用预先设定的环境数据和运输机器人实时反馈的运行状态数据，合理分配各类运输、调度任务，规划最优路径，从而实现机器人调度效率最大化。

（3）智能仓储机器人

智能仓储机器人根据不同的运输需求，分为多种类型。其中，导航和自主避障是智能仓储机器人发挥作用的重要技术支撑。导航功能是对视觉导航、惯性导航和 RCS 路径规划的综合运用，其定位精度可以达到毫米级；智能仓储机器人运用红外、激光、超声等感知技术监测行驶路径上的障碍物情况，从而实现自主避障。在动力方面，智能仓储机器人通常配备大容量的磷酸铁锂电池，其运行速度能达到 1m/s，循环寿命较长。

旷视科技"河图"操作系统

随着电商发展和市场竞争加剧，人们对物流服务的质量和效率都提出了更高的要求。传统的依靠人工作业、信息化程度较低的仓储物流模式显然已经难以适应不断增长的市场需求，因此建设数字化、智能化的新型仓储物流体系是物流产业的重要任务，而 AI、IoT、大数据、云计算等技术的发展为物流行业创新升级提供了技术条件。旷视科技打造的集机器人控制、IoT 等技术和机器人硬件设备为一体的"河图"操作系统，成为物流行业智能化转型的重要驱动力。

"河图"操作系统基于一系列 AI 算法，不仅可以与其他软硬件系统快速适配，还能够促进各系列机器人及硬件设备之间的协同配合，充分发挥了机器人设备的"指挥中枢"功能。同时，"河图"操作系统具备协同智能、生态连接、数字孪生等特性，能够辅助实现物流与供应链领域的人机协同与智能物联。

现阶段，旷视科技的仓储物流自动化解决方案已初显成效。旷视科技建设的机器人智能仓库，仅投入约 500 台 AGV 并利用机器臂及其他智能化设备，就能够满足多领域（如数码产品、小型家电、商超、美妆等）数千个商家的物流配货需求。其中，"河图"操作系统充分发挥其指挥与调度功能，通过机器人与工作人员的协同配合，大幅提高了分拨环节的效率。同时，该仓库在"河图"操作系统的支撑下，能够承担区域内大部分包裹打包与配送业务，并在"双十一"期间满足消费者当日达、次日达配送的服务需求。

锥能智能仓储系统

锥能机器人公司是一家专注于机器人、AI 算法、IoT 等底层技术与核心模块研发的科技公司，在规模化集群混合调度、基于视觉的同步定位与地图构建（VSLAM）等方面有着技术优势。该公司通过集成大数据分析、机器学习、机器视觉定位等技术，开发出电商 B2C 仓库系统、仓储机器人等智能仓储系统。该系统由多台 AGV 联动构成，可以根据系统指令完成各类货物运送任务。

锥能智能仓储系统是工作台系统、智能仓储管理软件系统和 AGV 搬运硬件系统的有机结合，它依托于智能算法，辅助完成入库、分拣等物流作业任务，具体流程如下。

（1）入库流程

当货物到达仓库后，首先需要扫码录入相关物流信息，然后锥能智能仓储系统根据货物的重量、品类等数据自动输出入库方案，即明确该货物在仓库中的具体存放位置；锥能智能仓储系统将接收或运输货物的指令发送给 AGV；AGV 将货物运输至指定位置后，工作人员按照工作台显示的信息将货物放到指定货架，最终完成入库。

（2）分拣流程

当仓库运营管理系统收到来自电商平台的订单信息后，将按照订单需求自动输出一个最优的拣货方案，并将任务指令发送给 AGV；AGV 根据仓库运营管理系统指令将对应货架（或货物）运送至操作台；工作人员根据提示信息提取货物，进而进行下一步骤的操作。

京东"飞马"机器人

京东"飞马"机器人是一款具备搬运、上架、自动行走等功能的智能仓储机器人，可以代替人工完成部分工作，提高了拣选效率，其工作流程为：后台控制系统对"飞马"机器人进行调度和动态分配任务；"飞马"机器人在接到拣选任务后，能够自主移动至指定地点；到达指定地点后从拣货员处"接收"货物，然后将装载货物的货框送至正确的传输带；卸货后，"飞马"机器人将继续执行下一个任务。目前，"飞马"机器人已经在京东"亚洲一号"仓库投入使用。

除了自动导航，"飞马"机器人还可以自动感知并闪避障碍，并实现人员跟随。根据拣选需求，"飞马"机器人可以通过视觉识别技术感知所跟随人员的移动方向，相关作业人员不需要佩戴跟踪设备即可与"飞马"机器人共同完成物流作业任务。"飞马"机器人采用 SLAM 技术，可以根据仓库布局计算出到达目的地的最快路径，不需要地面轨道指引，最快速度可达 3m/s。

国自Star System

Star System 是浙江国自机器人基于 GRACE 平台开发的智能仓储机器人系统，围绕整套系统及机器人本体布局了超过 300 项专利，是我国在智能仓储机器人领域高度自主创新的实践成果。Star System 可以同时调度 1200 多台机器人同时作业，并完成订单需求分析、系统对接、最优任务下发、路径规划等任务。

Star System 包含相关控制软件及 Picking AGV、Cart AGV 两款机器人设施。Star System 的运行模式不同于 Kiva 机器人那样"从货到人"的解决方案，而是"从订单到人"，由此具有更大的灵活性。一个 Picking AGV 一趟可以搬运 5 个货箱，根据测算，其综合效率与 Kiva 机器人相比有了大幅提升，其系统运营成本更低。如果应用于大面积仓库中，其优势将更为明显。

Geek+智能分拣机器人 S20

由 Geek+ 研发的智能分拣机器人 S20 在结构设计上具有创新性优势。S20 以辊道载具代替了传统的钢平台，可以与笼车直接接驳，实现了落地式分拣。这不仅降低了智能仓储系统部署实施的难度，而且有效减少了工程量，缩短了施工周期，大幅降低了搭建成本。在某些场景下，S20 的分拣效率可以达到每小时上万件，较其他类型的分拣机器人有更大的效率优势。

快仓智能分拣机器人

快仓智能的皮带式分拣机器人与 Geek+ 的 S20 类似，在 AMR 技术的赋能下，可以实现边走边投，快速分拣不同体积、重量的包裹。与传统的交叉带分拣机相比，其部署、施工的周期更短，不需要部署 AGV 导航二维码，大幅降低了改造成本，而且可以根据场地分区以及大小等因素灵活调整部署方案，具有可扩充、高柔性等特点。

快仓智能作为 AMR 的开拓者，集群调度是其显著优势。快仓智能不仅能够实现单仓 1000 多台机器人的部署，还可以实现工程机械项目 100 多种品类规格 AMR 的混场调度。快仓智能的分拣流程：货物经输送线进入分拣区后，小型皮带式机器人接收货物，并扫描、称重、记录相关信息，然后按照指令要求将货物投入笼车；笼车装满后，由搬运机器人将其运输至封包区。不同类型的智能机器人高效协作，分拣效率可以达到每小时 1.2 万件，随着作业流程和技术的改进，作业效率将进一步提高，同时，智能机器人的应用场景将进一步拓展。

凭借高效的智能分拣机器人系统，快仓智能已与菜鸟驿站建立合作，共同打造全自动化智能物流无人仓，利用 AI 技术对打包、拣货、存储等自动化环节进行优化升级，从而实现各类机器人在仓库内协同作业，打破单区作业的局限，大幅提高全链路仓储的自动化、智能化水平，使作业效率获得质的提升。

第 12 章 "双碳"驱动物流设备企业绿色发展

 物流设备企业的排碳现状

从我国各行各业的碳排放数据来看，我国碳排放主要集中在制造业、交通物流、能源、建筑四大领域。其中，交通物流、能源、建筑三大领域所需的设备设施均来自制造业，而这就导致制造业活动产生大量的碳排放。对物流设备行业而言，其碳排放有两个来源：一是与自身运行相关的活动，例如汽车运输、航空运输等；二是物流设备的生产制造过程。

物流设备的生产制造过程与碳排放的关系如下。

① 物流设备生产制造的各个环节需要电能来提供动力。目前，我国电力生产活动主要依赖煤炭等燃料的燃烧，这个过程会产生大量的污染物和温室气体，从而间接给物流设备行业带来了碳排放。

② 物流设备生产制造的某些环节会直接产生碳排放。例如，材料加工环节的高温加热处理，设备表面处理环节的化学溶液处理等。

③ 物流设备企业会对产业链上的企业产生影响，从而间接产生碳排放。一方面，物流设备企业的生产运作需要大量的原材料，在原材料的采购和运输等

活动中会产生一部分碳排放；另一方面，物流设备企业生产的产品需要向下游产业进行销售和运输，这个过程会产生一部分碳排放，同时下游企业在使用物流设备时也会产生碳排放。

 ## 物流设备企业的绿色化转型

基于"双碳"目标的碳减排行动

（1）改变能源结构

如今，我国能源结构正在经历颠覆式变革，煤炭、石油等高污染、不可再生能源的消费比重持续下降，风能、太阳能、水能、生物质能等可再生能源、清洁能源的消费比重不断上升，相应的绿电[1]、可再生能源系统等规模大幅增加，因此，物流设备企业可以借助绿电来支撑生产制造过程中的各个环节，从而降低生产制造过程中的碳排放。

（2）开展供应商管理

物流设备企业可以调查分析供应商的经营活动与经营模式，了解供应商在经营过程中的碳排放情况，同时了解供应商的经营效益及在"双碳"目标下的发展前景，选择可持续发展优势明显的供应商进行合作，也可以制定供应商环境物资管理要求，并发布相应的文件或指南，以规范供应商的行为，降低供应环节的碳排放。

此外，物流设备企业可以制定原材料选择标准，开发环境影响评估工具，并结合这些工具和标准对供应链上游原材料进行分析和评估，优先选择低污染或零污染的绿色原材料，从而从根源上降低碳排放。

（3）升级制造工艺

物流设备的生产制造过程会涉及多项工艺，每项工艺都可能会产生一定的

1　绿电：在电力生产的过程中，二氧化碳排放量为零或趋近于零，绿电的主要来源为太阳能、风力、生质能、地热等。

碳排放，因此物流设备企业可以借助先进的技术改造和升级各项制造工艺，以减少制造工艺带来的碳排放。例如，在设备表面处理环节，物流设备企业可以通过镀锌的方式代替传统的喷塑处理。

物流设备的智能化升级

在物流产业链中，物流设备企业发挥着重要的纽带作用，其产品——物流设备是产业链上绝大多数企业必不可少的资源，因此，物流设备的智能化升级可以有效促进产业链协同减排。例如，生产制造型企业借助智能化的物流设备为生产系统、物流系统、销售系统赋能，实现各个系统间的连接和交互、各个系统间数据的实时交换和共享。各个系统可以通过数据分析自动生成相应的业务决策，从而更加精细化、智能化地开展业务，这不仅实现了业务重塑，提高了生产效率，而且可以帮助产业链上的企业实现数字化转型，最终全面加快产业链协同减排。

随着"双碳"目标的提出，数字技术应用的重要性日益凸显，其可以帮助企业重构业务流程，优化资源配置，推动企业实现数字化转型，同时可以有效降低企业经营活动的资源消耗和碳排放，实现节能减排。因此，物流设备企业要持续深化数字技术的应用，将 5G、AI、IoT、大数据等新一代信息技术融入物流设备的智能化升级中，着重建设数字化、智能化的物流系统，实现高效运营。同时，对供应链物流环节进行优化或重塑，实现数据驱动的物流作业，大幅提高物流作业效率，助力产业链上的企业实现绿色发展。目前应用较为广泛的智能化物流设备有 AGV、搬运机器人等。

此外，物流设备企业也正在积极研发绿色、低碳的产品和服务，目前市场上已有的产品有绿色能源叉车、轻量化堆垛机等。总之，在"双碳"目标下，物流设备企业的发展机遇与挑战并存，物流设备企业应抓住机遇，将节能减排纳入企业发展理念、发展目标、发展规划，并积极运用新一代信息技术为自身业务赋能，切实推动自身的低碳化、零碳化转型，同时积极与相关企业开展合作，共同推动社会经济绿色发展。

第四部分

智慧仓储配送

第13章 智慧仓库：仓储技术与设备的应用

智慧仓库在系统执行层中融合了多种智慧设备，能够高效完成收货上架、搬运存储、货物拣选、集货发货等环节的工作。

 ## 收货上架环节的仓储技术与设备的应用

收货上架环节使用的仓储技术与设备主要包括 AGV 与智能拆垛机械手。

AGV

在智慧仓库中，AGV 能够代替人力进行托盘搬运作业。融合了激光导航、惯性导航等技术的 AGV 能够实时接收和处理工作环境中的反光板、磁钉等标记物和反射器传来的信息，并根据信息分析结果实现精准导航。不仅如此，这种 AGV 还具备应用技术成熟、工作环境固定、工作状态稳定等优势，能够有效提高仓储的自动化水平。

江苏优为制造系统集成有限公司对 AGV 进行了进一步创新，研究出基于 SLAM 技术的新型 AGV。

这种 AGV 中装配了环境感知传感器，能够在不借助标记物和反射器的情况下，利用传感器采集外部环境信息并进行自定位，与此同时，AGV 还能根据传感器采集的环境信息自动生成连续的环境地图，无人叉车利用该地图可以进行精准定位，对运行路径进行合理规划，进而实现精准高效导航。与传统的 AGV 相比，该 AGV 具有安装时间短、投入成本低、路径规划能力强等诸多优势，是新型 AGV 未来发展的主要方向之一。

智能拆垛机械手

工业机器人手臂能够在计算机的控制下以抓取或吸取的方式搬运、转运托盘上的货物，代替人力完成拆垛工作。但因为工业机器人手臂不具备现场识别作业的能力，所以若要使用工业机器人手臂进行拆垛作业，就必须将所需搬运货物的箱型尺寸信息和码垛规则全部输入计算机系统数据库。不过，需要注意的是，当货物箱型过多时，数据库的维护工作将变得十分困难。

智能拆垛机械手融合了 3D 视觉、深度学习算法等技术，且装配了 3D 深度摄像头，能够实时识别货物轮廓，在第一次搬运货物时，能够构建货物外形模型，并根据该模型识别下一个需要搬运的货物，当出现偏差时，它还能通过自我训练和自我校正来进行调整，因此可以降低对数据库的依赖。

 搬运存储环节的仓储技术与设备的应用

在传统的集中式作业中，自动小车存取系统是最常用的货物自动化存储方式，基于这种系统的仓库，能够利用堆垛机将货物以托盘为单位，搬进或运出，并以托盘为单元，将同一品种或规格的货物存储到货架上。

在碎片式作业中，融合了智能调度算法等技术的仓库能够利用众多 AGV 搬运货物，并以料箱的方式对货物进行存储，以便根据不同的订单拣选不同品类的货物。

Kiva机器人系统

Kiva 机器人是一种在仓库中负责分拣处理货物的机器人，其顶部装配了升降圆盘，能够抬起并搬运大量货物。Kiva 机器人系统是一种以 Kiva 机器人为主要组成部分、以控制 Kiva 机器人的集中式、多智能体调度算法为核心的货物搬运和存储系统。

具体来说，智慧仓库的地面上有条码网格，放置货物的货架单元底部贴有存储货架单元信息的条码，Kiva 机器人可以利用自身装配的摄像头采集条码信息，并借助编码器、加速计、陀螺仪等多种传感器实现精准导航，将货物搬运至正确的位置进行存储。但 Kiva 机器人在移动的同时无法完成转向，因此在运送货物的过程中出现转向需求时，Kiva 机器人会先停止移动再调整行进方向。

自动穿梭车仓库系统

与 Kiva 机器人系统相比，自动穿梭车仓库系统不仅能在平面空间中存储货物，还能打破货架单元高度的限制，利用立体料箱式货架在立体空间中存储货物。从货物存储流程来看：当货物入库时，自动穿梭车仓库系统在货架巷道前配备了能够将盛着货物的料箱送至相应层的提升机，且每层都配备了负责将提升机搬运来的料箱运送至指定货格的穿梭小车，因此，自动穿梭车仓库系统能够精准完成货物在立体存储空间中的入库工作；当货物出库时，自动穿梭车仓库系统中的穿梭车和提升机也会互相配合，将货格中的货物运出仓库。

由此可见，自动穿梭车仓库系统能够利用货位分配优化算法和小车调度算法来平衡仓库内的穿梭车和提升机在各个巷道及各层中的货物运输量，减少设备空闲时间，提高设备的使用率和工作效率。

细胞单元系统

细胞单元系统是一种融合了 Kiva 机器人系统和自动穿梭车仓库系统的智能化货物存储系统，其既能够完成平面空间的货物搬运和存储工作，也能够利用货架轨道实现立体空间的货物搬运。

具体来说，细胞单元小车既可以像自动穿梭车一样运行在货架和提升机的轨道上，也可以像 AGV 一样运行在地面上。细胞单元小车不仅融合了无线传感网测距、激光测距仪测量、推测航行法等技术，还装配了传感器，能够实现信息通信、全局定位、位置跟踪、定位精度校正等功能，这些功能能够在细胞单元小车在地面运行时，为其搬运货物提供高度灵活的导航。

细胞单元系统融合了平面空间存储和立体空间存储，不仅能够有效扩大货物的存储空间，还可以提高空间利用率，其进一步明确了具有可扩展、柔性化等特点的小车群体技术的发展方向。

 ## 货物拣选环节的仓储技术与设备的应用

在货物拣选环节，传统仓库通常会使用人工拣选的方式。随着相关技术的进步，拣货人员可以在全面掌握库房的布局后，借助手持无线射频、电子标签、货架指示灯等设备来获取提示信息，并到货架中拣取相应的货物。这种拣选方式虽然准确率较高，但效率仍然不够理想。

在智慧仓库中，AR 辅助拣选技术、阵列式自动拣选技术、Delta 机械手拣选技术等与相应设备能够大大提升货物拣选环节的自动化、智能化水平。

AR辅助拣选技术

智慧仓库利用 AR 连通物理世界和虚拟世界，能够综合掌握物理世界和虚拟世界中的各项信息，并借助 AR 辅助拣选技术来拣取货物。

具体来说，智慧仓库中的工作人员可以借助 AR 眼镜等可穿戴设备来获取库房环境、待拣货物位置、拣选路径等相关信息，并通过导航快速找到目标拣选货位。不仅如此，AR 设备还能够自动扫描货物条码，让工作人员在解放双手的情况下，实现精准高效的货物拣选。

阵列式自动拣选技术

在传统仓库中，常用 A 字自动分拣系统在货物拣选环节实现自动化作业。具体来说，A 字自动分拣系统能够利用立式通道底部的弹射机，将位于通道中的相同品类的货物自动拣选到输送线上，实现对具有拣选量大且货物品类集中等特点的订单进行自动化处理，但这种拣选方式受货物品类数的影响较大，且存在占地面积大和设备成本高的缺陷，难以高效处理拣选量大且货物品类多的订单。

在智慧仓库中，列阵式自动拣选系统能够实现自动化拆零拣选。具体来说，在列阵式自动拣选系统中，装配了大量能够满足各种不同尺寸货物运送需求的水平倾斜式拣选通道，因此，智慧仓库中的工作人员可以利用重力和拣选通道底部的流利条，将处于通道中的相同品类的货物运送至通道前端，并借助各个通道前端的弹射机拣取位于通道最前端的货物，再将其运送到输送线上。与此同时，位于通道中的货物会源源不断地下滑到通道最前端，确保弹射机能够连续作业，不断将货物拣选到输送线上。

在输送线长度相同的情况下，列阵式自动拣选系统的拣选通道数量远高于 A 字自动分拣系统，但设备成本却仅有 A 字自动分拣系统的 10% ~ 20%。

Delta机械手拣选技术

Delta 并联机器人中装配了摄像机和计算机，且机架上装有机械手的驱动电动机，同时，机械手上还安装多种拾取器，因此，其既可以满足不同尺寸、不同类型、不同包装方式的货物的拣选需求，也能够凭借较快的速度和较大的加速度实现对轻型货物的高效分拣。

不仅如此，AI 技术在 Delta 并联机器人中的应用也能够有效提高 Delta 机械手在面对不同状态的同种货物时的识别准确率，帮助 Delta 并联机器人实现精准拣货。

集货发货环节的仓储技术与设备的应用

集货是指将经过拣选的货物放置在相应的送货线路的区块中；发货是指将位于送货线路区块中的货物按照订单和送货线路进行装车运输。传统仓库在将货物分到相应的区块中时，通常会使用具有斜轮分流器、滑轮分拣机、交叉带机等分拣设备的自动化分拣线，但这种分拣线无法根据送货线路对订单进行排序，发货环节仍旧需要使用人工来完成货物的排序工作，这就大幅限制了仓库的货物装车效率。

智能仓库通常使用智能发货系统来完成集货发货工作，有以下 4 个优势。

- 智能发货系统会融合自动穿梭车技术，能够利用可调节货叉间距的穿梭车，从仓库的立体货架中取货或存货，满足不同包装类型、不同箱型尺寸的货物在存 / 取货方面的需求。

- 智能发货系统所使用的穿梭车能够根据送货线路的远近顺序进行取货，并将货物放在输送线上完成从货架到装车区域的货物运输。

- 伸缩带机的使用也能够避免二次搬运，用直接将货物装入运输车的方式来提高货物装车的效率。

- 立体存储在发货区货架中的应用可以大幅提高仓库的空间利用率，为仓库节省更多的空间和用地成本。

总而言之，智慧仓库设备技术的发展离不开数据挖掘、AI、自动感知识别等技术的发展和应用，以及人机之间的高度协同。例如，融合了 3D 机器视觉技术和 AI 算法的机械手能够精准抓取不同重量、不同形状、不同体积的货物，高效完成拆垛、拣货等工作；应用了调度算法且装配有导航设备的 AGV 能够在卸车、入库、出库、集货等环节高效完成货物搬运工作。

在智慧仓库中，智能机器人的使用大幅提高了仓储物流系统的柔性化程度，让仓库能够以更加灵活的方式来存储货物。因为机器人承担作业任务的无人仓库建设成本较高，且涉及的货物种类繁多，所以许多行业和企业无法将机器人全面应用于仓储物流环节的所有场景，因此，大多数企业选择使用人机协作的工作方式来完成各项仓储物流工作。

以订单拣选为例，许多企业会选择先使用 Kiva 机器人系统或自动穿梭车仓库系统来运送装有待拣货物的料箱，并优化拣选工位设计，提高工位的舒适性和智能化程度，加强人机互动，提高人工拣选的效率和准确性。

第 14 章　智慧配送：实现物流配送无人化

 ## 配送信息平台相关技术及其应用

　　随着通信技术的发展，传统商业活动中各环节的电子化、网络化程度不断加深，依托于大数据计算的电商蓬勃发展。更加便捷、高效的交易方式促进了消费需求增长，产品交换进一步突破了地域限制，快递业和物流业的规模不断扩大，在市场竞争的推动下，物流速度和服务质量迅速提升，为物流技术的创新发展提供了强大的动力。

　　另外，信息技术的发展也为物流业的科技创新提供了技术支撑，依托于大数据、IoT、工业云等技术，物流设备和流程的智能化程度不断加深，交通、仓储、通信、包装等环节的资源也得到有效整合。

　　近年来，阿里巴巴、京东等企业凭借自身敏锐的市场洞察力和雄厚的资金、技术实力，率先开始了智慧物流相关领域的探索、研发和实践。其中，无人配送技术被看作物流行业中最具应用前景、最必不可少的技术，并且无人物流配送是最有可能实现新一代信息技术落地的场景，也是最有可能实现实际运营的场景。

无人配送信息平台相关技术如图 14-1 所示。

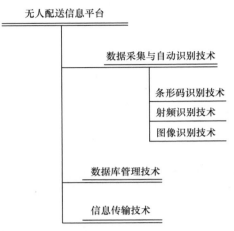

图 14-1　无人配送信息平台相关技术

数据采集与自动识别技术

数据采集与自动识别技术是实现无人物流配送及物流各环节管理精细化、智能化、自动化的重要技术支撑。物流数据采集主要体现在对运营过程中产生的庞大数据进行动态化采集、统筹与分析，从而有效缩短运输耗时，协调运力资源调配，实现打包、分流、装载、配送等环节的自动化与无人化。自动识别技术是物流数据采集与分析的重要基础，现阶段企业运用的自动识别技术主要包括条形码识别、射频识别、图像识别等。

① 条形码识别技术。条形码通常是由宽度不等的数个黑条和空白排列而成的，它是一种数据载体形式，将一定的数字和字母代码转化为机器语言能够识别的图形。条形码应用广泛，不同场景的条形码有着不同的编码规则。条形码识别技术是指通过光电识别扫描设备对条形码进行扫描，从而快速读取条形码中的信息，它是一种接触式的数据识别技术。

条形码识别技术既有优势也有局限性。条形码识别技术难度不高，应用成本较低，且识别速度快、准确度高、可靠性强，普及较广泛。但条形码的数据容量有限，面对现代生活中一些体量庞大的数据已不再适用；另外，条形码如果有破损或缺失，则无法识别，保密性也有待提高，其应用场景也是有局限的。

② 射频识别技术。射频识别技术是从雷达技术发展衍生而来的，它是一种无接触式的、双向的数据交换技术。一套射频识别系统通常由读写器、电子标签（即应答器）和应用程序（或数据库）3 个部分组成，读写器向电子标签发出有特定频率的电波信号，电子标签接收到信号后，把数据信号传回读写器，读写器接收并解读信号后再传送到相关的应用程序中。

射频识别技术与条形码识别技术相比具有诸多优势。例如，射频识别技术可以远程识别、读取标识物位置等状态信息，不仅速度快、准确率高，还能进行实时跟踪，在物流领域具有比较广泛的应用。射频识别技术使用户可以实时掌握快递的运送信息，提高物流企业的服务能力。相对地，射频识别系统中的电子标签比普通条码标签的价格也更高。

③ 图像识别技术。图像识别技术利用数据智能分析和数学推理的方法，根据图像的形状、模式、曲线、字符等特征建立识别模型，并用大量图像对智能识别系统进行训练，最终达到准确识别不同图像的目的。图像识别技术在数据融合、立体视觉、运动分析等领域都有广泛的应用。

例如，图像识别技术在交通运输领域可以用于识别车辆、车牌号或交通标志，在无人零售、无人货架、智能零售柜等场景中，可以用于对相关产品的自动识别。图像识别技术的重要应用领域之一是人像识别，例如，可以应用于门禁卡、移动在线支付、安全监控摄像等场景；在无人配送领域，图像识别技术可以应用于对收货人的面部识别。但是现阶段的面部识别技术仍然还有缺陷，有待进一步提升。

数据库管理技术

数据库管理技术是计算机信息管理系统的核心技术之一，它在物流领域发挥了重要的作用，主要用于解决因采集数据而积累了大量数据引发的物流数据管理、分析等方面的问题。

具体来说，数据库管理技术是指在相应的程序与算法的支撑下建立数据库，对用自动识别技术收集到的物流数据、产品信息数据、用户数据、财务数据等进行分类整理，按一定的逻辑进行编码，以便储存、检索和维护。在数据库中，仅需要输入简易指令，就可以修改数据、输出报表或删除任务等，实现了对海量数据的高效管理，促进了对相关数据的有效利用。

在使用数据库管理技术的过程中，除了追求数据处理的便捷性，还要注意数据安全。保护数据安全应建立相关数据安全保障机制，避免数据遭到破坏、更改或泄露。

信息传输技术

信息传输技术能使相关信息数据在各个设备（包括计算机、路由器、交换机等）之间快速、完整地传递，这是在相关应用程序和网络传输协议（例如，TCP/IP、NetBEUI协议等）的基础上实现的，信息传输技术是计算机软件技术、硬件技术、网络通信技术等技术的有机结合。

信息传输技术为物流业的快速发展提供了核心技术支撑，其以互联网为依托，物流信息传输系统能够连通海关、税务等部门和用户、物流企业等参与主体，可以使相关信息实时更新、及时共享，为物流系统的高效、有序运行提供重要保障。

 ## 智慧运输技术及其应用

智慧运输技术是指对自动控制技术、电子传感技术、全球定位系统、北斗卫星导航系统等的综合运用。基于智慧运输技术，可以建立一种范围广、实时性强、效率高的综合交通运输管理系统。它可以对陆路运输的车辆进行实时定位、路况监控、反馈处理异常情况等，从而对运输车辆进行合理调度并安排最优的运输路线，达到对运力资源的有效利用。智慧运输技术的应用降低了运输成本，提高了按时送货率。

智能导航系统

智能导航系统是无人物流配送服务运用的关键技术之一，智能导航系统离不开精准的地图数据。内容越详细、数据越准确的地图，越能够帮助无人车或无人机定位正确的目的地和规划路线。因此，地图数据必须及时更新，以保证其准确性。

北斗卫星导航系统是我国无人化物流配送服务运用的主要导航系统之一。它可以全天候地为无人机或无人车提供精准的地图定位、优化的路线方案和实时路况监测情况，有助于管理者及时根据反馈数据对车辆或无人机进行调度管理，保证包裹顺利送达。北斗卫星导航系统等智能导航系统不仅能够促进运输资源的有效利用，而且可以规避风险，提升服务质量，推广普及无人化配送服务。

虽然智能导航系统在一定程度上解决了无人物流设备配送时的导航和路线不精准的问题，但是在实际应用过程中，无人运输设备可能会面临许多未知情况，例如在楼栋多、立体空间复杂的应用场景中，导航系统难以准确定位，需要通过传感器等工具判断设备是否偏离既定路线，甚至需要进行人为干预，对无人设备进行纠偏或引导。

可视化的车辆跟踪追溯技术

依托于 IoT、移动互联网和相关感知测控技术，可以建立智能化、高效率、可视化的车辆运行管控平台。借助该平台，人们可以对驾驶员状态、处于运输过程中的车辆和货物进行实时监控，感知周围的环境条件（例如地形、温度、湿度等），采集相关数据并上传数据库，并基于大量的数据分析改进运营管理方案。同时，该平台也可以调用历史数据，例如，追溯运输轨迹、制作统计报表等，还可以运用智能化分析及时反馈异常情况，进行风险预警。

应用可视化的车辆跟踪追溯技术也要重点关注运输车辆终端设备的完善，例如，车载显示器、行车记录仪、烟感报警系统、发动机采集仪的升级换代等。此外，也要关注对无人运输设备的维护与升级，从而更加全面地满足运输需求。

 ## 智慧配送技术及其应用

在无人物流配送领域，智慧配送离不开对 5G、大数据、云计算、AI、IoT 等技术的应用。

5G

5G 具有数据速率高、时延低和连接容量大等特点。5G 可以将各类详细的地图数据和无人物流设备采集的 4K 高清图像数据实时传输到应用程序或数据库中，缩短远程操控无人设备的时延，大幅提高智慧配送的安全性。

大数据

物流领域对大数据技术的应用，主要集中在对物流运营过程中产生的巨量数据的采集、存储、分析和整合。例如，运输供应链上的发货人、收货人、承运商、货站、卡车司机等要素经常发生变动，而数据平台能够对这些信息及时处理与分析，迅速找到最优解决方案，合理配置运输资源，保障货物在既定时间内被送达。另外，通过对运输设备及过程的信息化、智能化管控，可以优化运输流程、缩短运输时间，进一步满足用户的个性化需求，提升市场竞争力，为物流配送无人化奠定基础。

云计算

云计算是一种计算能力极强的技术，它能够将各种信息资源数据化，通过计算机网络在短时间内完成对数以万计的数据的处理。物流信息平台的建立与发展得益于云计算技术的应用，云计算技术可以对物流运营中产生的庞大数据（例如，用户数据、图像数据、交通信息数据、地图数据等）进行快速处理，充分整合相关物流资源，得出最优方案，从而实现高质量、高效率的物流服务。

支撑云计算算力的首先是强大的数据存储与管理能力。依托于云平台，可以实现对相关物流数据的科学管理，同时，精确获取无人配送所需的地图、路线、环境信息，提高无人物流配送服务的效率和质量。

AI

AI 技术在处理信息、辅助管理决策等方面表现出色，不仅能够对用户咨询、投诉做出回应并上报其需求，还可以对海量信息进行智能分析，辅助决策。

应用 AI 技术可以很好地解决终端设备层的效率问题。无人车或无人机装配相关程序或导航芯片后，管理者通过智能终端的应用程序发布配送指令，物流系统可以自动为无人设备规划最优路线，同时根据传感器的反馈数据及时处理行进路线中遇到的问题，保证包裹在"最后一公里"的配送中顺利送达。不过从技术角度分析，智能配送技术还有很大的提升空间。

AI 技术可以实现物流作业过程的高效化、一体化、智能化。在物流仓库或分拣中心，依托于 AI 技术创造的数字劳动力能够与人类个体良好协作。例如，一些繁重的拣选、搬运工作可以由 AI 机械臂或自动化叉车完成；在化工原料仓库等作业场景中，机器人的参与可以使操作人员免受粉尘、化学物质的危害；在配送环节，相关的导航系统、数据链技术、自主控制技术等能够帮助无人机进行自动分拣、理解场景、规划路径、监测运动性能等。AI 技术在物流供应链各环节发挥了重要的作用，可以实现物流作业的多设备协同、运筹优化和降本增效。

IoT

如果互联网实现了网络与网络的连接，那么 IoT 则实现了物与网络的连接。IoT 技术在无人物流配送服务中能够起到关键作用，人们通过 IoT 与相关设备连接，借助信息传播媒介、信息传感器、射频识别技术、全球定位系统、SLAM技术等实现对相关无人运输设备的远程实时控制，全面掌控运输过程。同时，建立人与设备、设备与设备之间的泛在连接，通过智能化感知技术，将物流作业设备运行状态（例如，位置、声音、热量、振幅等）的相关数据信息上传至平台，以便对作业过程的实时监控和管理。

互联网信息技术和电商的发展，为物流业的创新发展提供了强大动力；AI、IoT、云计算、大数据等技术的发展又为物流配送服务的创新提供了技术支撑；准确的地图数据、智能化的导航系统和可视化的感知追踪系统是无人配送服务得以发展的关键要素。物流领域的数字化转型，需要物流企业根据多样化的需求进行技术创新，加强核心技术的研发和应用，改进经营管理方式，从而促进物流业的转型升级和无人物流配送的发展。

 ## 智能调度技术及其应用

智慧调度也是无人配送领域的一项关键技术，其主要在车辆引导和车辆资源调度方面发挥作用，保障车辆行驶的安全性，提高车辆的出行效率，最终实现安全高效的无人配送，加快了智慧物流发展的步伐。

一方面，无人配送车上会部署各类传感器，例如，摄像头、超声波雷达、射频识别设备等，这些设备能够在车辆行驶过程中实时感知并全面收集车辆周围的环境信息，包括车流量、人流量、道路状况、道路环境等，自动驾驶系统在分析这些数据后实现对无人车行动的指引，提升车辆的行驶效率和安全性，例如，自动驾驶系统通过对数据的分析预测前方道路可能会出现拥堵，并提供合理的绕行路线；另一方面，在货物配送和车辆调度场景中，车辆数据分析系统通过对海量历史订单数据和实时订单数据进行综合分析，能够明确订单密集的区域，掌握当前订单所需部署的车辆运力，从而制订合理的配送方案，对现有无人车运力资源进行合理配置，保障配送效率。

无人车物流调度与监控

在物流配送过程中，无人配送车需要面对包括道路状况、人流量、车流量、用户等在内的复杂环境，尽管当前的技术已经足以支撑无人配送车在复杂环境中驾驶，但为了进一步确保行车安全及高效应对突发状况，无人配送领域也需要部署监控人员对车辆进行监督和调度。无人车调度与监控系统主要具备以下 3 个功能。

① 无人车调度。无人车调度与监控系统需要分析订单信息，并结合无人车运力资源进行车辆调配，保障配送效率。

② 车辆状态监控。车辆调度与监控系统需要分析车辆运行状态数据，从而掌握车辆的实时运行情况，并预判可能出现的风险或紧急情况，监控人员可以根据这些信息提前采取维护或保障措施，降低风险发生的概率。

③ 人工接管。对于监控系统监测到的紧急情况、预测到的可能出现的突发状况及车辆无法自主解决的情况，监控人员可以接管车辆，通过远程控制的方式来解决这些问题，以确保行车安全，常用的接管方式有遥控驾驶、修改路线等。

多种验证方式的融合

无人配送车的任务是将货物安全高效地配送到用户手中，因此，安全验证是无人配送的一个重要环节，目前，安全验证方式主要有以下 3 种。

① 验证码。用户通过购物 App 或短信获取收货验证码，在收货时，将验证码输入无人配送车的触摸屏中，无人车系统验证成功后会自动开箱，用户即可收取货物。这种验证方式非常简便，是目前通用的方式，多用于配送低保值物品，但用户需要在取货时携带手机。

② 人脸识别。用户在无人配送车系统中提前录入面部信息，系统会自动创建用户的专属信息库，在取货时用户只需要刷脸即可开箱取货。这种验证方式更加简便快捷，用户不需要携带手机，但目前的人脸识别技术尚未完全成熟，易被破解，货物安全难以得到充分保障，同时，人的面部特征会随着年龄的增

长而发生变化，因此系统需要多次采样。

③ 声纹识别。在无人配送车系统中，提前录入用户的声音及发声时的面部表情等信息，用户在取货时按照无人车屏幕上提示的信息进行朗读，无人车验证成功后即可开箱。这种验证方式也非常方便快捷，同时，人的声纹具备很强的特定性和稳定性，因此这种方式的安全度非常高，多用于配送高价值物品。

当前，新一代信息技术正在加速与物流行业的融合，新兴物流技术不断涌现，基于数据和技术的智慧物流体系加速形成，物流行业迎来了智能化变革的浪潮，这不仅能够为消费者带来全新的购物体验，而且有利于变革经济社会的发展模式和生活方式，可以大幅提升社会经济的发展效率和人们的幸福指数。

此外，伴随新一代信息技术的进步，机器人的功能越来越强大，种类也越来越丰富，正在加速向社会生活的各个领域渗透，为经济社会的发展带来了新的驱动力。未来，机器人技术将更加成熟，无人配送车的性能也将更加完善，智慧物流也将实现全面落地。

第 15 章　智慧快递：AI 赋能"最后一公里"

 基于 AI 技术的智慧快递应用场景

近年来，各行各业都在积极推动科学技术的创新应用，在快递行业，无人机、无人车、无人仓、智能机器人、智能客服等智能化工具正在逐渐应用于各种物流场景，并发挥着重要作用。2023 年全国邮政管理工作会议显示，2022 年，我国邮政行业寄递业务量完成 1391 亿件，其中，快递业务量完成 1105.8 亿件。我国快递行业具有运营规模大、数据资源丰富、应用场景多样等特点，这些特点为 AI 技术在快递行业的广泛应用提供了强有力的支撑。

AI 是驱动千行百业实现数字化转型的重要技术手段。随着深度学习、知识图谱、自然语言处理和计算机视觉等 AI 技术在仓储、分拣、运输、配送、客服等场景中的深入应用，快递行业的运营成本大幅降低，相关人员的工作量也大幅减少，同时，服务效率和服务质量得到了大幅提高，整个快递产业在 AI 技术的作用下开始向技术密集型产业转型。

基于 AI 技术的智慧快递应用场景如图 15-1 所示。

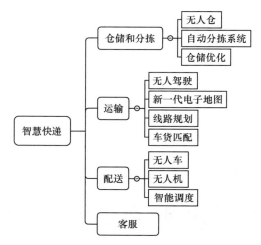

图 15-1 基于 AI 技术的智慧快递应用场景

仓储和分拣

① 无人仓。无人仓综合应用了 AI、工业设计、电气设计、控制算法和机械结构等多种技术，具有高度智能化的特点，同时，无人仓还可以综合运用无人叉车、货架穿梭车、搬运机器人、分拣机器人和堆垛机器人等智能化设备实现自动化作业，真正做到以智能化的方式对中小件货物进行仓储、搬运和分拣。

② 自动分拣系统。自动分拣系统能够自动分拣货物，降低人力在货物分拣环节的参与度，提高物流分拣的作业效率。

③ 仓储优化。AI 技术在快递行业中的应用有助于优化库存管理、拣货路径规划、中转场流向规划和中转场分区配载，帮助快递行业实现对库存和中转场负载的智能化管理。不仅如此，基于 AI 技术的仓库管理系统和仓库控制系统还具有自动推荐存储货位、补货库存分布平衡、调度机器人搬运、驱动生产端配货等多种智能化功能，能够促进仓储运营实现优化升级，使快递行业的仓储运营能力达到最佳水平。

总而言之，AI 技术在快递行业的应用可以构建出具有网络协调化、管理系统化、操作信息化、决策智能化和全面自动化等诸多优势的智慧仓储体系，能够使用机器人来代替人力完成各项工作，利用 AI 技术为各项业务提供辅助和指引，并实现数据感知等功能，进而达到充分确保物流仓储的安全性和提高货物出入库效率的目的，有助于全方位优化快递行业的仓储运行模式。

运输

① 无人驾驶。无人驾驶运输车等设备能够借助 AI 技术实现对周边环境的自动实时分析，并根据分析结果自动规划物流运输路线，达到智能调度的效果，同时，快递行业的相关工作人员也可以实时掌握无人驾驶车辆的运行情况，并对其进行远程控制。

② 新一代电子地图。快递行业可以通过综合应用大数据技术、深度学习技术和地理信息系统来提高电子地图的精准性、实时性和智能化程度，进而实现高精度定位、地址匹配、路径规划等功能，并利用基于 AI 等技术的新一代电子地图为快递行业的物流运输赋能。

③ 线路规划。快递行业可以在充分发挥运筹学优化算法和近似求解算法作用的前提下构建线路规划系统，并推进基因算法、增强学习、超启发算法、分布式并行和大规模邻域搜索等在该系统中的综合应用，同时，广泛采集道路实时交通状况相关数据，以便通过深入分析各项数据，合理规划动态场景和静态场景中的物流运输路径。

④ 车货匹配。AI 等技术在快递行业中的应用可以有效提高运输管理系统的性能，使货主、车主和平台都可以借助运输管理系统来共享货源运输需求信息，并实现车辆与货源的精准匹配。不仅如此，快递行业中的企业还可以从自身出发构建数字化的货运平台，并通过该平台来搜寻用于货物运输的人员、车辆和相关设备，降低物流运输成本。

配送

① 无人车。快递配送场景中的无人车中应用了 AI 的深度学习算法，能够在无人驾驶的基础上，接收来自调度平台的指令并实现自动减速、自动转向、

临时制动、路径规划、拥堵路段躲避等功能，帮助快递行业提高配送的灵活性，解决末端配送问题。现阶段，京东、菜鸟、苏宁等多家物流企业均已推出无人车，并陆续把无人车应用于物流配送环节。

② 无人机。无人机在物流运输领域的应用可以有效解决偏远地区的物流配送问题，同时有助于降低人力成本、提高配送效率。例如，京东物流已经将无人机应用到陕西省、青海省等地区的物流配送工作中，并陆续开通了100多条配送路线；中国邮政利用无人机解决了贵州省、四川省等地区的邮件配送问题，有效缩短了配送周期。

③ 智能调度。快递企业可以通过智能调度中心采集配送系统中的各项相关数据，并通过对这些数据的综合运算来实现对配送人员及无人配送设备的合理安排，最大限度地优化物流配送方案，同时还可以利用机器人实现智能分拣。

总而言之，AI技术在物流配送领域的应用能够压缩物流配送成本，并大幅提高配送效率和配送资源分配的合理性，节约人力资源，充分满足用户的实际配送需求，有效解决物流末端的配送难题，提高用户对物流服务的满意度。

客服

快递企业可以广泛采集客服中心的文本和话务数据等信息，并综合运用深度学习、语音识别、规则统计和自然语言处理等技术对文本客服系统和语音客服系统进行测试和训练，进而提高这两个系统的智能化水平。

智能文本客服系统和语音客服系统能够有效提高物流服务的智能化程度，帮助快递企业降低客服运营成本和员工培训成本，并提高客服效率和用户满意度，优化用户的服务体验。具体来说，智能文本客服系统具有情绪识别、意图捕捉、情感分析等功能，能够精准判断用户当前的状态，并在此基础上为用户提供相应的服务，充分满足用户的需求；智能语音客服系统具有语音识别、意图分析等功能，能够在用户下单的过程中为其提供指导，帮助用户顺利完成下单。

AI 重塑未来快递业发展格局

AI+基础设施，促进网络智能化

智慧物流离不开基础数据、智能设备和云平台等数字化基础设施的支持。AI 技术的发展和应用能够驱动物流行业的基础设施向数字化和智能化的方向快速发展。同时，各类相关智能设备的应用也会变得越来越广泛，物流行业将会在 AI 技术的支持下扩大数据采集范围，加大数据分析力度，并加快建设大数据中心的速度，持续夯实数据基础，不断优化算法模型，进一步加强算力建设。

机械臂、机器人、无人车、无人机、机械外骨骼等智能设备在仓储、包装、搬运、分拣、运输、配送等环节中的应用将优化物流产业的生产要素体系，代替人力来完成各项重复性的物流工作，让物流工作人员能够将更多的时间和精力投入更高价值的工作中，同时，也能加深流程中各个环节的机械化、自动化和智能化程度。

随着智能设备在物流产业中的普遍应用，物流分拣工作的自动化和智能化程度将越来越高，物流产业对人力的依赖也大大降低，行业内部需要进一步加快技术创新、人力资本等高端生产要素培育速度，革新生产要素结构。近年来，我国大力推进智慧物流基础设施建设，提高物流产业的电子货单、信息编码和物流单元的标准性、统一性及物流链条的可追溯性和可视化程度，进而为优化物流流程和实现协同作业提供强有力的支持，并整合信息流、物流、资金流和商流，构建"四流合一"的供应链体系，达到基于动态规划的全局最优。

AI+节能环保，促进发展绿色化

在物流行业中，应用 AI 有助于减少环境污染和资源浪费。例如，AI 中的深度学习技术能够对快递的数量、体积、包装尺寸等数据进行综合分析，并根据分析结果，自动生成包括包装耗材、打包顺序、包装箱型、装载规划等具体信息的快递包装方案，从而防止过度包装造成的资源浪费；智能传感和计算机视觉等 AI 技术的融合应用能够帮助物流企业实时掌握物流车辆的位置、行驶速度、行驶路线、驾驶行为和货物温度等信息，并充分了解物流车辆的油耗情况；AI 技术的应用还有助于物流企业快速采集和分析碳排放等相关数据，以便采取相应的措施降低碳排放量，推动行业绿色发展。

AI+智慧客服，促进服务品质化

AI 能够在技术层面为物流产业实现智能化服务提供支持。物流行业可以综合运用机器学习、语音识别、计算机视觉、自然语言处理等技术构建智能化的物流服务系统并开发智能化的物流服务终端。

- 智能物流服务系统具备智能文本和智能语音客服等多种应用，能够为客服人员和用户提供业务咨询、用户分流、自助下单、查询投诉等方面的帮助或服务，提高信息交流的便捷度，让用户能够享受到更加优质的服务。
- 智能物流服务终端主要包括智能收寄终端、智能验视终端、智能信包箱等应用，这些智能终端在物流领域的应用能够有效解决末端配送问题，降低物流配送对人力的依赖，帮助快递公司减少在人力方面的成本支出，同时优化用户的收寄体验。
- 人脸识别、指纹识别等技术在物流领域的应用也能够为末端配送提供强有力的支持。

AI+关联领域，促进产业协同化

大数据、IoT、AI 等技术的应用，不仅可以加快物流产业实现智能化转型的速度，还能在现代农业、先进制造业及现代服务业等多个与物流相关联的领域中发挥重要作用。

AI 等技术在物流产业及其关联领域中的应用可以强化仓储、运输、配送等物流工作与生产、流通、消费等环节之间的联系，有效提高整条产业链的协同性和统一性。

- 在制造业领域，AI 等技术能够支持物流企业的数据库与制造业企业的过程控制系统和生产管理系统，实现信息交流和共享，为物流企业和制造业企业及时掌握对方的实际需求、库存量、物流情况等信息提供支持，进一步提高供应链的柔性化和集成化程度及服务的灵活性和响应速度。
- 在电商领域，AI 等技术能够强化物流行业企业与电商企业的企业资源计划系统、用户关系管理系统，以及供应链管理系统之间的联系，并通过数据分析构建用户画像，进而帮助企业提高生产经营决策的准确性和有效性。

此外，电商产业园建设不断推进，并在产业聚集区域建设共享物流基础设施，以便在降低物流成本、提高价值创造能力的同时充分满足企业的物流服务需求，同时进一步扩大快递网点的覆盖范围，帮助制造业企业完善售后服务。

AI+决策监管，促进治理现代化

融合了大数据、云计算和 AI 等技术的 AI 管理平台具有消费预测、决策辅助、智能成本测算、邮件快件全生命周期监测等功能，能够为企业实现精准高效决策提供帮助。

人脸识别、机器学习、自然语言处理等 AI 技术的应用能够降低物流行业申诉受理、执法取证等监管工作的难度，并辅助相关部门的监管人员高质量地完成各项监管工作。不仅如此，物流行业还可以借助 AI 等技术广泛采集并综合分析文本、音频、视频等各类安全基础数据，进而精准预测安全态势，通过安全预警等方式规避风险，提高安全监管能力，为整个行业的安全稳定发展提供充分的保障。

AI+快递物流的发展瓶颈与策略

"AI+快递物流"的发展瓶颈

（1）基础数据不完善

AI 的应用离不开大数据的支持，但目前我国物流行业仍处于数字化转型的初期阶段。具体来说，分拣和配送环节可以通过使用电子面单的方式来提高自身的数字化程度，但仓储、运输和末端网点的数字化程度还未得到全面普及。

（2）存在"信息壁垒"

AI 技术的相关应用需要利用大量数据进行学习和训练，物流行业若要实现 AI 技术的大范围落地应用，必须进一步提高自身在数据存储、数据交换及数据共享方面的能力。但物流行业中企业众多，每家企业涵盖多个部门，难以完全统一数据结构和数据存储方式，因此，物流行业难以有效推进数据合并工作，而且，行业内部存在较为激烈的市场竞争，用户对数据保护的要求也比较高，因此物流企业通常不会选择与其他企业共享或交换数据，导致行业内部存在"信息壁垒"。

（3）专业人才匮乏

物流产业是由包装、运输、配送等多个环节整合而成的劳动密集型产业，研究人员可能不会专门研究 AI 技术在物流行业中的应用，AI 专业的人才在就业时可能也不会首选物流行业。

"AI+快递物流"的应对策略

（1）加快推动行业基础设施的数字化转型

为了促进 AI 技术在物流产业中的落地应用，我国需要加强数字化的物流基础设施建设，扩大智能化物流设备的应用范围，支持物流行业广泛采集、深入分析各项基础数据并构建大数据中心，进一步加强物流产业的算法、数据、算力建设，通过数字化为 AI 在物流产业中的应用赋能。

（2）**完善数据共享和开放机制**

物流行业的相关监管部门要针对冷链、无人机、无人车、智能安检等内容建立相关标准规范，并进一步优化行业内部的基础数据元标准、信息交换标准和新服务模式标准，完善信息采集机制。与此同时，物流行业也要构建统一的数据平台，针对信息编码、数据接口、数据格式、交换流程等内容设立统一的标准规范，为行业内的企业进行数据共享和信息交流提供便利。此外，我国还应大力推进公共数据开放利用改革试点工作，鼓励物流企业和用户在确保隐私信息安全的前提下对各项相关数据进行深入挖掘，提高数据利用率，并充分利用大数据等技术提高数据治理的精准度，从而为数据层面为物流行业的快速发展提供有力的支持。

（3）**建立行业关键共性技术体系**

我国应在数据和硬件的基础上围绕算法来推进物流产业转型工作，并在物流服务方面优化质效。此外，还要在明确问题的前提下邀请物流和 AI 的专业人才对这些问题进行深入研究，并积极推动相关研究成果落地，以便快速地解决各项问题。

（4）**促进相关领域的"产、学、研"联动**

我国应通过出台相关政策、财税优惠、加大经费投入等方式为物流企业的创新发展提供政策和资金方面的支持，并成立产业技术联盟，积极开展针对物流领域的 AI 专业人才培养工作，加大 AI 在物流领域的相关应用力度，支持科研成果共享。在物流人才培养方面，大数据和 AI 等技术是物流人才需要学习的重点内容，我国需要充分认识到大数据和 AI 等技术的重要性，并结合物流领域人才市场的实际需求来培养能够全面掌握 AI、快递物流等相关知识技能的综合型人才。

 # 顺丰 AIoT 物流模式的实践启示

物流行业的业务生产通常会受到"人、机、物、法、环"的影响，在各项要素的综合作用下，物流行业的业务生产效率、质量和安全都会发生变化。从物流业务的实际操作方面来看，人的效能、车的装载率与排班效率、件的时效与在流转过程中的质量等都是影响物流生产的关键要素。物流工作具有流程长、节点多、场景丰富等特点，物流企业需要精细化管理各个业务场景及各个影响物流生产的关键要素，并积极处理业务流程中存在的问题。

AI技术的应用能够大幅提高物流行业的自动化程度，帮助物流行业解决相关问题。具体来说，AI技术在物流领域的应用能够有效解决预分拨、码垛、接驳、装车、分拨中心、配送站点等环节中存在的问题，为物流行业实现柔性化生产提供技术上的支持。同时，基于在物流领域的应用，AI技术也可以在解决问题的过程中实现创新发展。

近年来，顺丰不断提高自身的物流服务质量，并合理利用AI等新一代信息技术优化资源配置，变革作业流程，提高自身满足业务需求的能力；同时根据物流作业场景构建数字化模型，综合运用监控摄像机、分拣线工业相机等设备广泛采集所有业务场景中的业务数据，实现自动化决策，对"人、机、物、法、环"开展全方位分析，精准判断业务，进而提高自身的管理效能、业务运营质量、物流服务质量和风险管控能力，并有效降低运营成本。

AI助力业务质量提升

AI技术在物流领域的应用有助于物流行业提高业务质量。例如，融合了AI技术的皮带机堵转系统，能够实时监控皮带机的运作情况，对内部堵塞问题实时预警，并帮助物流企业找出具体的堵转位置，实时上传相关信息，便于维修人员及时对堵转问题进行处理，避免堵转造成的物流流程受阻、分拣效率降低，以及货物损毁等问题。

2021年，顺丰将皮带机堵转系统应用于全国各地的物流网点和中转站，大幅降低了货物的毁损率，有效提高了业务质量。

AI助力经营改善

AI技术在物流领域的应用有助于物流行业提高运单条码识别的准确率，确保货物分派的准确性。具体来说，传统的扫描设备无法充分确保运单条码识别的准确性，因此无法实现精准高效的货物中转和货物分发，导致部分货物的配送地址与实际收货地址不符，严重浪费运输时间和运输成本，同时，也会影响用户的满意度。尤其在冷链物流中，货物分发错误可能会造成产品过期损坏等问题，导致物流企业无法充分保障食品类货物的卫生安全。

顺丰使用的 AI 补码工具能够综合运用光学字符识别（OCR）、视觉效果增强等多种技术手段来识别传统扫描设备无法精准识别的运单条码，纠正错误的运单条码。基于 OCR 的 AI 补码工具可以利用大量文字和图片进行深度预训练，提高自身的识别能力，确保精准识别不同尺寸和角度的字体，进而实现对物流面单的精准识别。

智慧安检

为了确保邮政业的寄递安全，我国寄递安全监管相关部门开发出融合了 AI、IoT 等技术的智慧安检系统，顺丰也将该系统用于安检环节。

智慧安检系统收集了大量的违禁品相关图像，其可以利用大量违禁品相关数据进行深度学习和训练，精准识别上千种违禁品，并与物流自动化设备协同作用，从而可以代替人力自动拦截和分拣违禁货物。顺丰智慧安检系统的应用有效提高了物流安检的效率和安检设备的利用率，减少了无法识别和识别错误等问题，也降低了用于安检的人力成本。

自动化机器学习平台

顺丰使用的自动化机器学习工具能够在保护用户隐私数据安全的前提下为 AI 进行自主学习提供支持，让 AI 可以通过自主学习来强化性能，在多种不同的业务场景中发挥作用。顺丰利用自动化机器学习工具对 AI 进行自动化优化训练，提高 AI 适应不同生产环境的能力，进而达到减少在 AI 算法研发、构建、测试和发布等方面投入精力的目的；顺丰还借助自动化机器学习工具来获取大量的训练数据，实现对高价值数据的积累和有效管理。

此外，顺丰利用自己开发的自动标注技术来自动采集物联网设备、内部系统和第三方系统等数据源中的数据，并通过无监督和半监督等方式对自动化生成的训练数据进行预标注，进而降低人力在样本标准环节的参与度，达到减少人力成本支出的目的。

第五部分

智慧冷链物流

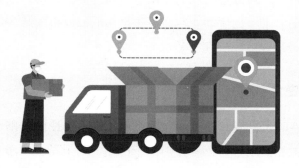

第 16 章　智慧冷链：数智化重塑冷链物流模式

 我国智慧冷链物流的策略和模式

近年来，我国商品经济快速发展，蔬菜、水果、肉类、乳品、水产品、速冻食品等生鲜冷冻食品的市场需求快速增长，加上各种线上生鲜团购平台的推动，冷链物流得到了快速发展；另外，某些药品、疫苗、生物制剂等的低温运输需求进一步增长，对冷链物流的需求也不断提高。目前，冷链物流的发展仍未有效满足市场需求，物流产业在迎来新机遇的同时也面临着挑战，物流产业的创新升级刻不容缓。

冷链物流产业链全景图

从参与主体的角度来看，冷链物流产业主要分为冷藏基础设施供应商、冷链物流服务企业和需求方，三者分别位于产业链的上游、中游和下游。冷链物流产业链全景图如图 16-1 所示。

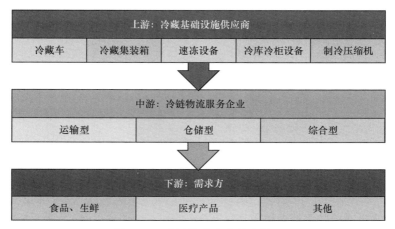

图 16-1　冷链物流产业链全景图

- 上游的冷藏基础设施供应商的主要业务是提供冷藏车、速冻设备、制冷压缩机等基础设施。
- 中游的冷链物流服务企业代表着冷链物流的服务主体，服务内容包括运输、仓储、配送等，一些物流企业根据自身的优势在不同的环节有所侧重，形成了运输型、仓储型、城市配送型、平台型、供应链型等不同模式。
- 下游的需求方主要有生鲜零售商、医院和药店等，它们为物流企业提供了广阔的市场。

我国冷链物流体系的构建策略

《"十四五"冷链物流发展规划》（以下简称《规划》）中提出，要完善国家骨干冷链物流基地布局，加强产销冷链集配中心建设，补齐两端冷链物流设施短板，夯实冷链物流运行体系基础，加快形成高效衔接的三级冷链物流节点；依托国家综合立体交通网，结合冷链产品国内国际流向流量，构建服务国内产销、国际进出口的两大冷链物流系统；推进干支线物流和两端配送协同运作，建设设施集约、运输高效、服务优质、安全可靠的国内国际一体化冷链物流网络。

《规划》的发布实施，有助于我国冷链物流体系实现"三级节点、两大系统、一体化网络"融合联动，形成"321"冷链物流运行体系。

（1）构建冷链物流骨干通道

结合我国冷链产品主要流通方向和进出口情况，将我国的主要城市群与农产品主产区相连接，建立"四横四纵"冷链物流大通道，形成内外联通的国家冷链物流骨干通道网络，覆盖京津冀、长三角、珠三角、长江中下游等城市群与西北、西南、东南沿海、中部、华东、华北、东北等农产品主产区。

"四横"是指北部、鲁陕藏、长江、南部四大通道；"四纵"是指西部、二广、京鄂闽、东部沿海四大通道。

（2）健全冷链物流服务体系

优化冷链物流服务流程与规范，促进服务专业化，进一步健全冷链物流服务体系。具体来说，针对肉类、水果、蔬菜、水产品、乳品、速冻食品等主要生鲜食品和疫苗等医药产品，要根据其特点，制定适宜的物流作业标准，严格规范冷链物流作业流程；同时，完善仓储、运输、配送等各个环节的服务功能，促进信息流通，使供应链流畅运转，保障货物的产品质量，提高冷链物流的一体化服务能力。

（3）完善冷链物流监管体系

冷链物流产业的健康发展离不开合理的规范与监管。《规划》提出，要加快建设全国性冷链物流追溯监管平台，完善全链条监管机制。基于冷链物流作业流程、基础设备应用和行业环境等方面的实际情况，创新监管方法，建立科学合理的监管机制。

新一代信息技术的发展使对物流作业过程和设备运行情况进行实时的、远程的、可视化的监控和管理成为可能，有助于实现监管手段的数字化、智能化。依托完善的冷链物流监管体系，不仅可以及时处理异常情况，还能够根据数据记录进行问题溯源，便于取证或追责。同时，物流行业也可以借鉴其他领域的先进监管方法，进一步完善冷链物流监管体系。

（4）强化冷链物流支撑体系

冷链物流企业应该加大对冷藏冷冻、低温运输等关键技术的研发力度，促进冷链物流技术创新升级，实现企业的数字化、智能化、现代化转型，增强国际竞争力。

① 加快数字化发展步伐。大数据、云计算、IoT 等新一代信息技术在物流领域的应用程度不断加深，为推动冷链物流全流程、全要素的智能化和数字化提供了有利的条件。在国家骨干冷链物流基地搭建专业冷链物流信息平台，可以通过相关数字技术采集并分析区域内的仓储、运力资源、市场需求等数据，促进相关资源的优化调配，为形成一体化冷链物流网络提供技术支持。

② 提高智能化发展水平。智能科技在冷链物流领域的应用有利于推动冷链基础设施的智能化升级。围绕国家骨干冷链物流基地、产销冷链集配中心等重要物流节点，加大技术资金投入，利用其集群资源优势，推动新兴科技成果在冷链物流领域的应用，从而促进冷链物流作业使用的调度、装卸、分拣等基础设备的自动化、智能化升级，引导冷链物流行业智慧发展。

③ 加速绿色化发展进程。促进冷链物流企业的绿色发展，可以从以下 4 个方面入手。

- 对现有设备（如冷冻冷却设备、低温加工设备等）进行节能化改造，企业可以通过与专业能源服务公司合作，制定科学可行的节能优化改造方案。
- 加大对环境友好型技术和设备的研发应用，例如，鼓励使用新能源冷藏车等。
- 制定相关能效标准，淘汰高耗能、高污染设备，完善相关认证标识体系，认证并推广有利于节能环保、绿色发展的技术和设备。
- 推广绿色环保的服务机制，例如，优化绿色货运配送路线以减少能源损耗，对制冷剂等废弃材料进行回收和无害化处理。

④ 提升技术设备创新水平。依托相关政策，物流企业应该加强与高等院校、研究机构之间的合作，共同攻关解决冷链物流领域的关键性、技术性问题，加

强技术研发与创新能力，夯实冷链物流发展基础，从而进一步提升物流设备的研发和应用水平。

在我国冷链物流体系的构建过程中，企业占据主体地位，技术创新要以市场为导向，技术研发为企业所用，通过"产、学、研"深度融合实现基础研究成果的应用转化，共同打造冷链物流技术设备创新应用体系。在具体实践中，物流企业可以结合多样化的市场需求，在食品预冷速冻、药品冷藏运输等应用场景中寻找突破口，逐步实现创新技术落地。

我国智慧冷链物流的运营模式

从冷链的供求服务特性方面来看，我国的智慧冷链物流运营模式是各个物流企业综合运用多种现代化技术对冷链物流进行智能化管理的体现，具体来说，我国智慧冷链物流的运营主要分为 7 种模式，如图 16-2 所示。

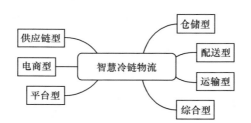

图 16-2　我国智慧冷链物流的运营模式

- 仓储型模式。仓储型模式的智慧冷链物流主要是对冷库进行智能化管理。
- 配送型模式。现阶段，配送型模式是我国物流企业普遍应用的智慧冷链物流运营模式。这类企业主张整合冷链物流资源，在全国范围内建设冷链物流网络，并利用智能化配送的方式为超市供应商、超市配送中心、生鲜电商和连锁餐饮配送中心等用户提供冷链物流服务。
- 运输型模式。运输型模式下的物流企业的业务内容主要包括干线运输、区域配送、城市配送等低温运输业务。
- 综合型模式。综合型模式下的物流企业的业务具有多样化的特点，业务范围覆盖仓储、运输、配送等多个方面。

- 平台型模式。平台型模式下的物流企业可以综合运用大数据、IoT 等技术，以及保险、物流金融等增值服务搭建基于互联网和冷链物流的冷链资源交易平台，并借助该平台进行信息交流和资源置换，进而实现集约化、智能化发展。

- 电商型模式。电商型模式下的冷链物流企业大多数是各个生鲜电商企业下的，这些企业随着生鲜电商行业和冷链物流行业的发展而快速发展，能够整合大量冷链物流资源，同时，也可以承运电商平台中其他用户的冷链货物，例如，顺丰冷运、菜鸟冷链等。

- 供应链型模式。供应链型模式是一种新兴的商业模式，在这种模式下，供应商、制造商、物流商、分销商 4 者之间的关系更加密切，会共同组成一个以核心企业为中心的完整的功能网链。使用供应链型模式的冷链物流企业能够有效控制信息流、物流和资金流，在从采购到终端的所有环节中实现低温运输、低温加工、低温仓储和低温配送，并利用分销网络实现末端配送。

 ## 智慧冷链物流的技术架构体系

智慧冷链物流所运输的货物需要经过加工、包装、运输、仓储、销售等多个环节才能被送至需求方。冷链物流实现智能化转型的过程离不开数据，因此，冷链物流企业需要大力挖掘、采集冷链物流所有环节中的各项相关数据。与此同时，冷链物流企业也不能忽视仓内技术、干线技术、末端技术、智慧数据底盘技术等的重要性，要综合运用各项技术手段来提高冷链物流的智能化程度。另外，冷链物流企业还需集中整合硬件与软件平台的预算能力，推动仓储、运输、配送、包装、装卸、信息处理等各个环节实现智能化，进而为冷链物流整体实现智能化提供助力。

智慧冷链物流的基础是数据，因此，要先获取冷链物流行业多维度状态的数据资源，然后通过关键技术对其进行分析。

冷链物流行业多维度状态数据资源的采集

5G、AI、IoT、大数据、云计算、区块链等新一代信息技术的应用能够大幅提高冷链物流的数字化水平，在技术层面上为实现智慧冷链物流打下坚实的基础，同时也可以有效保障冷链物流产品在生产、加工、包装、装卸、运输、仓储、城配、陈列等所有环节中的安全性，为冷链物流行业实现对冷链物流产品全生命周期的智能化管理提供强有力的技术支撑。

一般来说，传统的冷链追溯系统的追溯能力十分有限，只能追溯到产品在生产中各个环节的相关信息，却不能将追溯范围扩大至整个冷链物流的全过程，而经过数字化升级的冷链物流将会实现对冷链物流产品的全过程追溯。

冷链物流行业在采集多维度状态数据方面，有以下 3 种特点。

① 移动化。冷链物流行业可以通过在运输车中装配可移动式温控设备来实现第三方冷链物流温控管理；通过在监测设备中融入 GPS 和 GIS 来实现对运输车的精准定位和有效调度；利用多点监控来解决冷链车库、冷库等冷链物流场景中的温度不均等问题，充分确保放置于不同位置的货物的安全性。

② 标签化。冷链物流行业可以通过在伴随货物全生命周期的标签中录入产品代码、产地管理、农户编码、流通环节管理信息等货物相关信息，以实现对货物全生命周期的信息追溯和有效管理，从而为货物的安全性提供充分的保障。

③ 多功能化。冷链物流行业可以通过在预警系统中预先设定温/湿度范围来实现自动化、智能化的温/湿度控制，具体来说，冷链物流企业可以借助预警系统来查询货物在温/湿度超出预设范围的时间段所处的位置及当时的外部环境情况，并在此基础上分析温/湿度出现变化的原因，同时，也可以借助一些软件或硬件设备设施对外部环境的温/湿度进行智能化控制。例如，冷链物流企业可以利用控制类标签设备来控制冷库的制冷系统，以便实时掌握当前的温/湿度信息，并在出现打冷需求时远程控制打冷机自动打冷。除了冷库，这

种方式也常常被用于冷链物流门店和冷链物流运输车。

实现智慧冷链物流的关键技术

干线技术、末端技术和智慧数据底盘技术等的应用也将为冷链物流的各个环节赋能，促进智慧冷链物流的实现。

① 仓内技术。现阶段，机器人技术、自动化分拣技术、可穿戴设备、无人驾驶叉车、货物识别技术等的应用逐渐成熟，已经能够在仓内搬运、货物分拣、货物上架等多项工作中发挥作用，为各项物流工作提供了便捷。目前，我国的京东、菜鸟、申通等物流企业正积极推进仓内技术在冷链物流各环节的应用。

② 干线技术。无人驾驶卡车技术是干线技术的重要组成部分，目前正处于商用化测试阶段，未来，无人驾驶卡车等干线技术在物流领域的应用将有效优化干线运输方式。

③ 末端技术。目前，我国已有多家物流企业通过配备基于末端技术的智能快递柜为用户的寄件和取件提供便利，但这种方式的成本高，且众多用户在寄件和取件等方面的习惯各不相同，因此难以准确判断智能快递柜的发展趋势。

④ 智慧数据底盘技术。数据底盘所涉及的技术主要包括大数据、IoT 和 AI，同时，这 3 项技术也是驱动物流行业实现智能化升级的重要技术。其中，IoT 技术能够提供大量数据资源；大数据技术能够对采集的商流数据、物流数据等多种数据进行分析，为物流行业的需求预测、仓储网络、路由优化和设备维修预警等工作提供支持；AI 技术能够在数据分析的基础上进行更深入的应用。

 # 智慧冷链物流的实现路径

新一代信息技术是冷链物流企业推进运输、仓储、配送、包装、装卸等流程实现数字化、智能化的重要保障，也是整个冷链物流行业构建智慧冷链物流体系的技术基础。

从实现智慧冷链物流的路径上来看，物流行业主要应从智能运输、智能仓储、智能配送、智能包装、智能装卸、智能化数据处理等方面入手。智慧冷链物流的实现路径如图 16-3 所示。

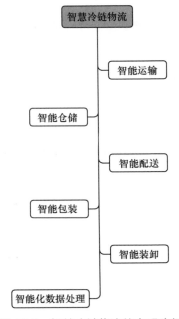

图 16-3　智慧冷链物流的实现路径

智能运输

　　冷链物流对配送设备、运作管理、温度把控等方面的要求十分严格，冷链物流企业需要综合运用定位、车辆识别等技术，以及各种不同的物流运输方法来完成交通管理、车辆控制、电子收费、紧急救援和营运货车管理等工作，同时提高货物运输效率，减少货物运输环节的成本支出，并在此基础上对冷链物流运输过程进行全方位、全流程监控，以便及时发现并处理运输过程中的各种突发问题，充分确保货物的安全。

智能仓储

　　智能仓储具有信息采集功能，能够自动采集货物的数量、位置、载体等信息。

同时，智能化的冷链物流仓库中还需要配备无人叉车、货架穿梭车、分拣机器人和自动导引车等多种智能化的仓储机器人，机器人可以代替人来完成货物搬运、货物上架和货物分拣等工作，并借助信息交互来实现库存盘点、货物快速入库、货物准确出库、货物库区转移、货物数量调整、实时信息显示、温度检测与报警等诸多功能。例如，智能化的冷链物流仓库中所使用的自动导引车能够通过计算机来控制自身的行为和运行路线；分拣机器人能够综合运用传感器、物镜和电子光学系统等工具来高效分拣货物。

智慧物流企业可以通过对物流数据的深入分析来准确掌握各个区域的实际物流量，并根据物流量数据分析结果自动优化选址方案，同时也可以利用大数据技术对用户消费特征、商家历史订单等各项相关数据进行分析，以便在此基础上实现对仓储物流需求的精准预测，并前置仓储，优化运输流程，提高物流工作的效率。

智能配送

在货物配送环节，智慧冷链物流可以综合运用 GPS、配送路径优化模型、多目标决策等技术和算法来提高配送信息的电子化程度和配送决策的智能化程度，实现对配送订单的科学、高效分配，从而提高物流运输车辆的利用率，同时实现配送路线实时显示、配送车辆导航跟踪、空间配送信息查询显示等多种智能化功能，并促进物流配送部门与物流仓储部门合作，共同完成货物配送工作。

众包配送、无人机配送、无人车配送和智能快递柜等技术都是现代物流企业在货物配送环节常用的智能技术，但当物流企业开展冷链货物配送业务时，不仅要应用这些智能技术，还要充分发挥 IoT 技术的作用，通过在冷链货物配送车中装配温控设备来实时采集车内的温度信息，确保冷链货物在整个配送过程中的安全性。不仅如此，有冷链物流订单的用户也可以借助手机等设备来查看配送车的内部信息，实时掌握货物的配送情况。

以京东研发的无人配送车为例，该无人车装配了GPS、激光雷达、前后防撞系统、超声波感应系统和全景视觉监控系统等，能够实时获取车辆周围的各种环境信息，并通过对这些信息进行分析处理来确保货物配送的安全性、准确性和高效性。

随着科学技术的不断发展，未来无人车的智能化程度将越来越高，其相关智能决策水平也将进一步提升。

智能包装

新一代信息技术在货物包装环节的应用能够有效提高物流企业搜集和管理各项相关信息的能力，物流企业可以借助这些技术来实现对包装产品全生命周期质量变化的全方位把握，同时，也能够在这些技术的支持下实时掌握包装产品的特性、内在品质、储运情况、销售信息等各种相关信息，真正实现通过包装深入了解产品。

智能装卸

智能装卸是合理利用传送设备、通信设备、监控系统、无人搬运车、智能穿梭车、计算机控制系统等技术手段提高分拣、堆垛、出库、入库、传送移动等货物装卸工作的立体化程度和动态化程度。智能装卸设备和智能装卸系统在物流领域的应用能够使货物的位置和存放状态发生变化，同时也有助于提升货物装卸的智能化水平。

智能化数据处理

智能化数据处理在数据采集方面具有自动化、准确、高效的特点，能够集中整合大量物流信息，并对这些信息进行处理和分析，从而实现信息感知、信息传输、信息存储等多种功能，以便为物流运营和物流决策提供支撑，提高物流作业的科学性、合理性和高效性。

　　大数据调度中心包含自动预测、大屏可视化、数据关联分析和异常监控报警等多种数据处理相关应用，能够通过数据汇聚、数据服务等方式实现对整个物流过程的全面调度，进而大幅提高数据处理效率，充分满足物流行业在数据处理方面的需求。不仅如此，大数据调度中心还能够通过大屏来实时显示数据分析结果，以便市场监管部门及时掌握产品、运输、仓库、市场交易动态等各项物流相关信息，并根据这些信息做出精准有效的决策。

- 自动预测能够全面统计产品、运输、仓库和市场交易等相关信息，并在此基础上对这些信息进行深入分析和处理，进而根据分析结果实现对货物供求和交易价格变化等情况的自动精准预测。
- 大屏可视化可以通过大屏或移动互联网平台来直观地展示冷链物流在运输、仓库、市场交易等多个方面的数据分析结果。
- 数据关联分析有助于深入分析货物产地、货物流通情况等信息，并实现对货物全流程的各项相关信息的追溯。
- 异常监控报警能够实时监测物流车辆的运行状态和仓库的管理情况，以便及时发现并处理问题。

第 17 章　技术应用：引领智慧冷链物流的未来方向

 GIS 技术在智慧冷链物流中的应用

食品冷藏链主要由冷冻加工、冷冻贮藏、冷藏运输和冷冻销售等环节构成，其中冷藏运输对食品在市场中顺利销售起到重要的作用。食品冷藏运输在物流领域的子集称为"冷链物流"，冷链物流的服务对象除了蔬菜、水果、肉类、水产品、乳品等食品，还有一些特定产品（例如，药品、生物制剂、花卉等）。

冷藏食品在运输过程中对保鲜度和安全卫生方面的要求较高，冷链物流的配送效率和质量必须达到相应的水平，以 GIS 技术等为基础的智能物流系统能够满足这类需求。

GIS技术

GIS 技术是一种能够将各种社会经济领域的动态数据与地理空间数据进行存储、分析、整合，并将其呈现在地图上的技术，其中，动态数据包括人口、交通、城市区域分布等方面的数据。通过 GIS 技术，物流作业相关的配送地址、配送路线、网点信息、人员分布、交通工具行进情况等数据都能在地图上直观展示，极大地提高了对物流资源的管理、调配和配送的服务质量。

① 物流地图查询。物流地图的绘制能够促进信息共享，满足物流企业、商家、消费者等主体的不同需求。例如，地图上不仅能标注物流网点地址、电话、收货地址等静态信息，还能实时显示配送员定位、交通流量、在运车辆分布等动态信息，这些信息可以被移动终端快速查询，从而为管理者和用户提供便利。

② 配送路线规划。基于 GIS 技术的平台能够将某个大的区域（通常为市、区、县、乡等）根据网点分布、人口密度等因素划分为数个小的区域，每个小的区域有相应的负责网点。当物流对象进入"最后一公里"配送环节时，平台结合包裹的目的地可以将其分派到相应区域配送。这种方式有助于规划出"最短"的配送路线，从而提高配送的效率。

③ 配送车辆管理。GIS 技术可以对运输工具进行合理调度和科学管理。平台可以实时定位、监控车辆的运行状态，并且综合交通流量、距离、运力需求分布等因素进行调度，从而降低运输成本，提高配送效率。同时，结合 GPS 可以实时监控路况，为驾驶员做出风险预警。

智能终端

智能终端通常具有开放式的操作系统，能够集成无线移动通信、GPS、条码扫描、IC 读写、热感打印等技术，接入多种不同的应用设备。

在物流场景中广泛应用的智能终端设备包括手持条码扫描仪、无人机、移动电话等。以手持条码扫描仪为例，其常用于入库/出库管理、盘点管理、中转仓分拣、代收点上架、派送签收等环节，所读取的标签信息可以实时同步至应用平台，供物流企业、商家和消费者随时查询物流状态。

 # RFID 技术在智慧冷链物流中的应用

RFID 技术是一种通过传递读写设备与射频标签之间的电波来传送数据的自

动识别技术，其特点在于可以在较大空间范围内进行非接触式的、准确的识别。这一技术在智能物流领域起到了关键作用，它可以远程、实时、准确地传输物流设备采集到的大量数据。从成本、效率、需求等方面考虑，RFID 技术有着广泛的适应性，主要应用在物流作业的数据采集、安全管理、环境监控和仓储管理环节。

数据采集

RFID 技术可以用于远程的、处于运动状态的对象所携带的大量数据的传送过程，例如电子标签。电子标签实际上是一种附带天线的芯片，能够记录包装、分流、配送、入库等物流环节采集的数据，便于工作人员及时掌握货物信息，并处理异常情况。RFID 技术的运用为冷链物流的发展提供了技术保障，通过智能分析采集大量数据，持续优化冷链物流的运输流程。

安全管理

RFID 技术能够同时识别处于运动状态的多个对象，全流程地监督货物冷链的运输过程。具体地说，每件货物在出厂后都能获得记录物流过程信息的唯一识别标签，且信息受到加密保护，工作人员通过读取标签数据能够实时监控物流对象从出厂到零售商各环节中的状态。这不仅提高了货物在运输过程中的安全性，还便于对相关事件进行追溯追责，从而更好地保障消费者权益。

环境监控

维持稳定的低温环境是冷链物流的必备条件，而在物流作业过程中，外部环境、系统故障、人为失误等多种因素均可能导致低温环境被改变，对货物造成不利影响。因此，对运输对象所处环境进行有效监测成为冷链物流作业中的重要一环。通过电子标签与相关传感器（例如温度、温度传感器）相连接，能够将所采集的数据实时反馈到物流应用平台，工作人员根据反馈数据及时处理异常情况，进一步为运输环境安全提供保障。

仓储管理

融合了 RFID 技术的冷链物流仓库能够借助阅读器对所有处于感应区域内，且贴有 RFID 溯源标签的货物进行远距离动态识别，迅速采集标签中的产品信息并将其传送至仓储管理系统。仓储管理系统能够通过对比分析的方式精准判断货物数量、货物种类等信息是否符合入库计划，并根据货物的温度信息把控货物在整个物流过程中的安全性，同时，还能在后端数据库中录入货物的收货时间和数量等信息。

此外，仓储管理系统中还存储着所有货物的仓位信息，有助于仓库管理人员精准掌握货物的存放位置，同时，仓储管理系统还具备货物跟踪等功能，能够提高货物存放位置的准确性。货物放在货架之后，RFID 标签会存储货物在各个时间段内的温度信息，阅读器会采集标签中的温度信息并将其传输至后端数据库，后端数据库会整合、管理和分析这些数据。

当货物被运出仓库时，阅读器会再次识别货物包装上的标签，采集标签中存储的各项信息并传输至仓储系统，仓储系统会将这些信息与货物出库计划进行对比、分析，并准确记录货物出库时间和出库数量等信息。

RFID 技术在仓储管理中的应用能够有效提高仓储管理效率：RFID 能够以电子数据导入的方式采集数据，有效避免人为失误造成的错漏；RFID 具有批量识别功能，能够同时识别大量货物标签中的信息，进而大幅提高工作效率，节约人力资源；RFID 能够在不开箱的情况下直接从标签中获取货物的产地、种类、温度等信息，从而达到提高货物检查效率和降低时间成本的目的；RFID 能够在货物存储过程中实时监测环境温度，在发现问题时及时发出警报并进行处理，有效防止货物损坏、变质。

 # 农产品冷链物流信息化建设

快速发展的农产品电商对农产品冷链物流提出了极高的需求，但目前我国冷链物流的信息化建设亟须借助大数据、云计算等新一代信息技术进行改造。

农产品冷链物流信息化指的是农产品冷链物流企业利用大数据、云计算等技术采集、处理、传输与交换农产品冷链运输过程中产生的各类信息，以便有效把控农产品运输全过程，减少农产品在运输过程中的损失，降低物流运输成本，提高企业自身的竞争力。

我国农产品冷链物流信息化建设的问题

（1）货源和仓储管理信息化水平低

我国农产品生产地比较分散，大多是散户经营，目前尚未实现网络全覆盖，且即使在有网络覆盖的地区，也可能会有农户不太熟悉互联网技术，也不愿意为了掌握信息技术而投资。另外，有些地区的冷库建设比较滞后，没有配备相关的信息化设备，无法动态监测与管理农产品冷藏、运输全过程，很有可能引发食品安全隐患；而且无法合理分配仓储空间，这会导致仓储空间利用率比较低，仓储成本比较高；再加上农产品进出仓库环节自动化程度比较低，管理成本也比较高。

（2）信息增值服务体系尚未成型，相关基础设施尚不完善

在信息化建设方面，农产品冷链物流企业一般只在内部管理层面引入信息技术，而忽略了对农产品流通过程中与食品安全、企业自身发展等有关数据的收集与利用，虽然一些冷链物流企业可以提供信息服务，但所能提供的服务类型是有限的，仅局限于农产品运输过程中的定位服务，以及部分农产品的信息溯源服务等。

在农产品冷链运输过程中，配送是一个非常重要的环节，这个环节会产生大量数据，包括车厢内的温／湿度、车厢门开关的次数、车辆的实时位置、冷藏设备的状态等，但因为没有配备先进的数据采集设备，数据的采集率比较低，无法通过数据挖掘技术为农产品冷链运输管理与优化、冷藏设备管理和农产品在运输过程中的质量管理提供可靠的依据，更无法为农产品运输过程追溯提供强有力的支撑。

（3）农产品冷链物流信息共享程度低

目前，农产品冷链物流行业尚未建立统筹协调管理机制，没有建设统一的信息共享平台，因此各个物流企业无法共享所掌握的数据与资源，也无法按照统一的标准处理与应用数据，导致数据过于分散，而且数据结构不太合理，给数据的整合应用、物流信息的共享造成了一定的阻碍。

大数据和云计算在农产品冷链物流信息化建设中的应用

在大数据时代，农产品冷链物流企业获得的数据越多、类型越丰富，价值就越大，也就越有可能帮助企业优化业务开展流程，提高冷链物流的服务质量和企业的运营效率，进而提高企业的利润率。云计算拥有强大的计算能力，可以在极短的时间内处理数以千万计甚至亿计的数据。农产品冷链物流企业可以利用手机、计算机等终端将收集到的数据传入数据中心进行处理，获得所需的信息，发现农产品冷链运输过程中出现的问题，从而优化业务流程，降低冷链物流的成本。

作为新一代信息技术的代表，大数据和云计算在农产品冷链物流信息化建设中的应用非常广泛，主要表现在以下 4 个方面。

① 生产加工。大数据和云计算的应用可以解决农产品生产过程透明度不高、质量安全得不到有效保障的问题。冷链物流企业可以利用 RFID 技术为原材料添加电子标签，并建立专门的数据库来存储相关信息；还可以实时监控农产品生产加工的全过程，包括农作物的生长状态、加工程序、每个程序的操作人员等。

一旦生产出来的农产品出现质量问题，相关监管机构及负责企业就可以通过大数据溯源找到发生问题的环节，从而找到相应的操作人员，明确事故责任，以便追究问责。此外，冷链物流企业还可以利用现有的数据预测可能发生的食品质量问题，做好预防。

② 仓储管理。大数据和云计算技术的应用可以帮助冷链物流企业提升仓储管理的自动化水平。一方面，冷链物流企业可以在农产品托盘与包装上添加电子标签，在仓库出入口安装智能读取器，以提高农产品出入库的自动化水平，

尽量减少人工操作，提高农产品出入库的效率和整体的作业效率；另一方面，冷链物流企业可以在冷库安装各类感应器，感知农产品的存储状态，包括农产品的数量变化、状态变化等，以便实时调整仓库环境，保证农产品的存储质量。

③ 运输环节。大数据和云计算应用于运输环节，可以进一步保证农产品的运输质量；还可以实时调度农产品运输车辆，避免发生货车装箱不满或者货物过多但没有足够的货车来运输的情况，制定合理的运输方案，切实提高农产品的运输效率，降低运输成本。

④ 信息共享。大数据和云计算可以应用于物流行业的信息共享平台建设，为冷链物流企业相互协作共同运营该平台、实现信息共享提供方便。冷链物流企业可以利用大数据、云计算快速处理收集的数据，并减少信息失真，让相关企业可以参与到农产品物流运输各环节的信息采集、挖掘与分析过程中，为冷链物流服务质量的提升提供强有力的保障。

总而言之，大数据和云计算可以应用于农产品冷链物流的各个环节，为农产品冷链物流信息化建设提供强有力的支撑，动态把控农产品冷链物流运输的全过程，以便更有效地保障农产品在运输过程中的安全。随着与冷链物流有关的信息技术不断发展，冷链物流行业的基础设施建设将不断推进，相关标准也将不断完善。届时，我国农产品冷链物流行业分散的信息将变得更加集中，整个行业有望释放出巨大的生机与活力。

 ## 我国智慧冷链物流未来的发展方向

（1）信息趋于共享化与可视化

我国的冷链物流行业存在信息闭塞、透明度低等问题，而物流信息无法充分共享，进一步引发了基础设施资源分配不均、冷链成本居高不下、农产品运输周期过长等问题，导致我国冷链物流行业难以实现高质量发展。

为了提高冷链物流的运输效率、保障农产品的质量和安全、提升用户的满意度、优化冷链物流产品的流通体系和冷链物流产业链，我国冷链物流行业需要推动整个产业链实现信息共享。冷链物流信息共享是冷链物流行业实现产供销一体化的基础，也是冷链物流行业大幅提升自身智能化和自动化水平的关键，同时，可以帮助冷链物流行业最大限度地提高资源利用率。具体来说，信息共享的内容主要包括冷链物流全流程的环境参数、操控参数、食品质量安全情况等信息，信息共享的主体主要包括冷链物流货物的生产商、供应商、销售商和消费者。

（2）操控趋于智能化与自动化

近年来，我国大力推进冷链物流基础设施建设，积极推动农产品冷链物流向信息化转型升级，并广泛运用 5G、IoT、云计算、区块链和大数据等技术来提高农产品冷链物流产业链的自动化和智能化程度，在设备设施和技术方面为智慧冷链物流的快速发展提供支持。

智慧冷链物流能够自动监测和调控冷链物流全流程的温 / 湿度，充分满足农产品储运对温度和湿度的要求，同时也能帮助物流企业减少成本支出，提高物流管理的效率、冷链物流信息的可追溯性、冷链物流流程的可监控性和物流订单的可跟踪性。

此外，自动化、智能化的冷链物流具有更高的工作效率，能够降低人在整个物流过程中的参与度，避免人为因素对冷链物流造成负面影响，同时也有助于我国相关部门进一步完善冷链物流相关标准和规范，达到提高冷链物流各环节的规范化、专业化和精细化程度的目的。

（3）运营趋于精细化与专业化

近年来，我国冷链物流的信息化、自动化和智能化程度越来越高，许多物流企业已经借助大数据技术实现了对冷链物流全流程的实时监控，能够实时掌握冷链物流货物的质量和安全等信息，以便及时解决问题。

对冷链物流行业来说，提高冷链物流管理和运营的精细化和专业化水平既有助于控制冷链物流各环节的环境温度，保证冷链物流货物在各个环节中的质量和安全，也有助于进一步细化业务分工，为追责提供方便；还能进一步提高物流运营的效率，减少成本支出。

第 18 章　区块链在医药冷链物流中的应用

 ## 我国医药冷链物流面临的挑战

医药冷链物流可以使特定医药品在经历存储、运输、配送等物流环节再到达使用单位药品库的过程中，始终处于所规定的低温环境，从而确保医药品的质量。需要冷链运输的医药品主要包括疫苗、酶制剂、诊断试剂等生物制品和部分抗生素、抗肿瘤药物等。因此，提升医药冷链物流的服务质量，健全现代医药冷链物流体系，是医药冷链物流产业发展的重要目标。就现阶段来说，医药冷链物流可能面临的问题和困难主要体现在以下 3 个方面。

（1）防伪溯源机制有待健全

在医药品的运输和流通环节可能存在各种风险，例如，由于相关工作人员操作不当或设备因素，造成医药品被污染、变质或失效，以及各种原因造成的药品遗失等。

目前，应对上述问题的方法一般是企业在出厂过程中赋予药品防伪溯源码，通过扫码能够读取药品的生产信息和物流信息，以实现对药品的安全管理，但这一机制并不完善。例如，相关防伪数据只存储在企业的系统中，不向消费者开放，无法实现有效监督；不能保障数据安全，记录的相关信息可能被恶意变更或篡改，不能为消费者提供权威参考；防伪溯源信息不完善，无法作为责任判定的参考依据等。

（2）动态冷链监控体系不够完善

目前，我国医药冷链物流还未形成完善的标准化作业机制和监控体系。例如，在数据记录环节，大多数企业通过人工记录温控数据，而这会受到各种因素的影响，可能无法在规定时间内完成记录；面对不同的记录标准，相关工作人员在记录数据时容易出现错误、遗漏等情况，不能及时察觉并排除相关风险隐患。此外，即使通过传感器、IoT 等设备记录温控数据，也会存在数据安全问题，例如存储容量不足、数据库被黑客入侵等。

（3）冷链环节协同和监管难度大

要促进医药冷链物流体系的规范化，实现对医药安全的有效监督，就要整合医药信息与冷链物流数据，并促进相关信息的透明化。

医药冷链物流的全过程涉及医药企业、冷链物流企业（包括各级配送中心）和相关监管部门等多个主体，各个主体有着不同的数据记录方式和作业流程，相互之间并没有一套统一的沟通协作、信息共享机制，难以有效整合其掌握的信息，而当面对突发事件或紧急需求时，往往也无法及时响应并合理调配相关资源。另外，各环节的数据通常仅由单独的主体掌握，例如，医药品的相关信息仅存储在医药企业的数据库中，物流环节的信息仅存储在物流企业的数据库中，这不仅增加了企业的管理成本，也增加了政府监管医药物流各环节作业的难度。

 # 区块链在医药冷链物流中的技术优势

为了应对上述困难，除了完善防伪溯源机制、改进动态冷链监控作业方法、打破"信息壁垒"，还需要建立一个数据容量大、透明度高、安全可靠的信息存储与处理平台。

区块链是基于块链式结构对数据进行验证、存储、更新与利用的分布式数据库系统与计算范式，能够结合共识算法和相关密码学方法，使数据无法被轻易更改、伪造或删除。区块链最初作为"加密数字货币"的"交易账本"，由于其有较好的安全性和保密性，并具有可追踪溯源等特点，目前已在金融、供应链管理等领域得到了进一步实践和应用。如果将区块链应用于医药冷链物流行业，则有助于解决物流数据记录与追溯等管理问题，营造诚信物流的经营环境，促进医药冷链物流行业的智能化、数字化、规范化发展。

区块链应用于医药冷链物流平台具有多种优势：一是区块链具有"去中心化"、高安全性、及时共享等特点；二是数据一经录入，无法轻易更改；三是分布式节点提供了高冗余存储空间，能够实现高效的信息交互；四是依托时间戳，可以对数据进行精准溯源。区块链在医药冷链物流中的应用可以促进各主体间的信息共享，完善追溯体系，为企业管理提供新的思路，提高政府监管的效率。

传统技术与区块链技术的对比见表 18-1。

表18-1 传统技术与区块链技术的对比

	传统技术		区块链技术
中心化存储	数据通常以中心化的形式存储，防伪数据往往被单独的企业掌握，冷链各方互通性弱	"去中心化"存储	参与方共同维护的分布式账本，信息公开、透明
信息篡改、伪造难以杜绝	缺乏防范信息被恶意变更的措施，数据易于篡改	信息不易篡改、伪造	时间戳和非对称加密保证信息不易篡改和不易伪造
数据存储和计算能力弱	大量传感器产生的数据难以实现集中存储，并且容易被攻击	共识机制、智能合约	通过共识机制实现对物联网设备的分布式管理，同时借助数字签名和智能合约技术处理各类信息
各环节协同和监管难度大	行业信息化水平低，没有覆盖全面的数据库来记录冷链物流各个环节的信息	分布式数据库	整合广泛的信息，使冷链参与各方之间实现信息透明和信息共享

（1）能够实现防伪溯源

要实现对医药品的有效监管，需要做到来源可查、去向可追。医药品从生产到流通各个环节的相关信息都可以记录在区块链这个"分布式账本"中，医药冷链物流的参与方相当于区块链中的分布式节点，它们共同存储和维护数据，使信息更加公开透明；同时，数据管理中心不再仅属于某一个主体，实现了"去中心化"。

另外，依托时间戳和非对称加密技术，已记录的信息无法被轻易篡改，也不易伪造或删除，从而保障了数据的可靠性。通过建立基于区块链的数据平台，企业可以实现对冷藏医药品相关信息的精准溯源，追查医药品的具体流向也更加快捷；消费者可以快速查询医药品信息，判断医药品的真伪和质量好坏，真正发挥市场监督作用；发生医药安全事故时，监管部门可以追溯有问题的医药品，定位责任人。

（2）优化冷链监控预警

目前，部分规模较大的冷链物流企业已经将 IoT 技术应用到各个物流环节，通过配置温度、湿度传感器和 RFID 电子标签及相关定位设备，获取物流对象的位置信息，实时监控其所处的环境，并及时预警异常情况。IoT 技术的运用促进了物流作业流程的自动化，减少了因人工失误带来的决策错误。

而区块链技术的引入，可以提高 IoT 处理数据的能力和安全性，分担数据容量。通过将物联网设备采集的大量数据存储在区块链上，再依靠智能合约技术和共识机制实现数据自动记录和同步，保障了冷链物流动态信息的准确传递与记录。当监测到设备异常或环境数据异常时，能够及时预警，辅助管理人员分析、处理问题。

（3）助力冷链物流互联互通

促进建立医药冷链物流领域的信息互联互通机制，不仅要保障各个参与方的实时信息更新及共享权限，还要保证信息的一致性和安全性。基于区块链建立的分布式数据库能够有效满足上述要求，促进多个主体间的协同合作。

同时，区块链的应用可以推动冷链物流企业优化作业流程，完善数据记录标准，减少管理系统软件和硬件的投入，降低仓储、运输和人力的成本，进一步提升冷链物流的服务质量。当出现突发性需求时，各方能够依托平台进行高效沟通，迅速统筹调度医药资源和冷链物流资源，切实推进相关应急预案的实施。从监管的角度来看，相关信息的公开化、透明化有利于进一步落实医药安全监管的要求，及时针对存在的问题提出整改措施；另外，监管方还可以整合分析信息，并结合实际情况进一步完善相关行业标准、政策法规等。

 ## 基于区块链的医药冷链数字化平台

医药冷链数字化平台基于区块链的运算模式，能够保证各个主体业务信息的可靠性、安全性和共享性。依托区块链的分布式账本和对等网络环境，各个网络成员可以及时更新并共享医药品、物流、订单等业务信息；通过智能合约、非对称加密等算法，平台能够自动完成身份认证和数据验证，共识机制的运用可以确保已录入信息难以被篡改，从而可以有效确保数据的可靠性。平台集成了防伪溯源、冷链监控等功能模块，可以完善医药企业和生产企业的协同合作机制，大幅提升综合管理能力，实现对冷藏医药品从生产到流通各环节的数字化、精准化管理。

基于区块链的医药冷链数字化平台框架模型如图 18-1 所示。

网络共识层

网络共识层主要通过非对称加密技术、共识机制和数据验证机制等实现数据点对点的传播。网络共识层可以根据医药冷链物流的具体需求，订立相关的共识规则，对更新数据进行验证，从而实现链上数据的更新与同步；同时，通过非对称加密技术和哈希算法将数据转化为字符串，提高数据存储和传播的效率，并保障数据安全性，为功能应用层的具体实践提供了基础。

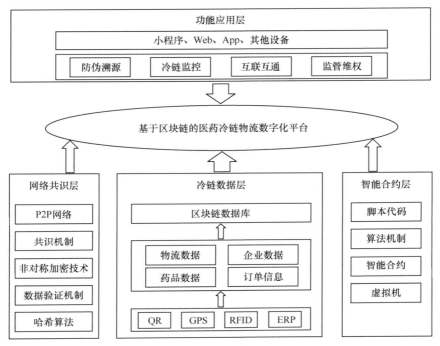

图 18-1 基于区块链的医药冷链数字化平台框架模型

冷链数据层

冷链数据层是一种引入了区块链算法的数据库，整个数据库由分布式的数据区块构成，各个区块的数据可以实时更新与共享，已存储的数据难以被更改。数据更新时，需要先通过各个区块的签名验证，然后通过一定的算法将数据编译为新的哈希值——固定长度的加密输出字符串，以此来避免数据被篡改，这些数据会被打上时间戳，以便追溯查证。

智能合约层

智能合约层依托相关的脚本代码和算法机制拟定一系列规则策略，当相关数据满足算法要求或规则时，自动执行合同条款。合同的执行受到各方参与者的监督，杜绝了外部网络攻击的干扰，从而可以保障区块链数据的安全可信。

在医药冷链物流中，使用者可以根据实际情况订立合约，例如，设置医药品生产或物流作业过程相关的数据标准或阈值，当不满足标准要求时，系统会反馈并上报异常数据，以保障数据的真实性和可靠性。另外，可以在智能合约中纳入相关政策法规、行业标准规范、环保指标等，使监管机构对医药冷链物流的管理更加智能化、自动化，有效提高监管的效率。

功能应用层

功能应用层是指医药冷链物流数字化平台在不同场景中的应用。通过可视化的操作界面，被授权的相关人员可以通过网页、App 或其他设备接入平台，从而实现不同主体间的信息共享，这不仅突破了时空限制，还打破了不同行业或企业间的"信息壁垒"。

医药生产企业和物流企业可以实时更新和录入相关医药品信息和物流信息，因为上传的信息带有时间戳，所以会受到相关智能合约等机制的保障，且难以被更改，因此具有较高的可靠性。基于这一特点，医药企业可以完善医药品的防伪溯源机制，冷链物流企业可以追踪监控各个物流环节的状态，监管部门则可以有效监管企业，并进一步完善医药品的质量管理制度。

 医药冷链数字化平台运作流程

医药冷链物流信息平台涉及生产企业、物流企业、配送中心、监管部门及终端消费者等参与主体，主要由药品生产环节、冷链物流环节、冷链监管溯源环节构成。基于医药冷链物流涉及的相关环节，可以构建出基于区块链的医药冷链数字化平台运作流程，如图 18-2 所示。

药品生产环节

医药品的生产主要涉及原材料采购、药品研发、检测审核及批量生产等环节。基于国家医药品安全标准和各个主体间的协作关系，可以将原材料供应商的电子采购合同、药品研发的相关参数、检测中心的检测报告和审核文件、生产企业的各类生产参数等数据信息存储到平台，平台基于相关智能合约机制、共识机制，将经过机构签名验证的数据转化为加密字符串，并同步到各个节点的分布式账本中。

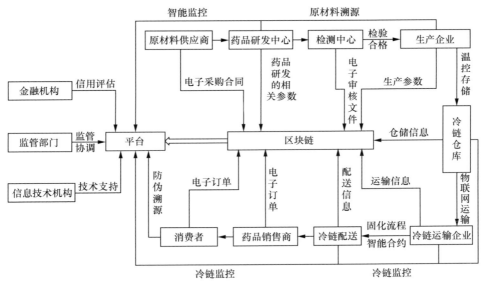

图 18-2　基于区块链的医药冷链数字化平台运作流程

冷链物流环节

冷链物流环节是整个医药冷链的重要环节，将物流企业信息、订单信息、仓储信息和物流环节中的动态监测信息等录入平台，可以实现对医药品流通环节的有效监管。

而冷链物流环节中的动态监测信息包括相关温控数据、实时定位数据、监控管理责任人数据等。同理，相关数据通过一定的算法机制转化为加密数据进行存储。基于非对称加密技术，相关管理人在更新或查询平台数据前需要先通过身份验证。另外，相关主体可以签署智能合约，实时监控运输过程中传感器采集的温度、湿度等环境信息，当接收到异常反馈时能够及时处理。

冷链监管溯源环节

依托非对称加密技术和数据验证机制，平台可以准确识别主体身份并依据其身份进行授权。其中，医药品生产企业可以对原材料进行溯源，查询原材料供应商信息，以及药材种植、加工、检测等信息，还可以追踪医药品具体流向；冷链物流企业可以实时掌握位置、温控数据等物流状态，进一步完善对相关物流作业流程的管理；消费者可以通过溯源码查询相关医药品的数据，根据生产日期、批次等信息判断医药品的真伪，发挥市场监督作用；监管机构可以把握冷藏医药品从生产到流通各个环节的总体情况，当出现医药安全事故时，可以及时、精准地定位问题环节，追究相关责任方等。

随着医药品市场需求的增长和电商平台的发展，医药冷链物流行业也在蓬勃发展，医药冷链企业的运营模式不断优化。区块链在医药冷链物流领域的应用，能够辅助建立公开透明、安全可靠、实时性强的医药冷链数字化平台，促进医药品信息、物流信息的实时共享，降低物流企业的成本，构建适应市场发展的防伪溯源机制和监督体系，推动运营管理、监管措施、政策法规的不断完善。

第六部分
智慧供应链

第 19 章 智慧供应链：赋能经济高质量发展

 数字化时代的供应链模式升级

随着互联网与各个行业和领域的深度融合，以及 5G、大数据等新一代信息技术飞速发展，我国各行各业对智慧供应链的了解逐渐深入。近年来，我国采取多种措施鼓励供应链创新，大力支持供应链创新和应用示范城市及示范企业建设，助力智慧供应链高质量发展。

从本质上来看，智慧供应链是一种深度融合新一代信息技术和现代化的供应链管理模式的服务体系，具有智能化、自动化和网络化等特点。智慧供应链的内涵如图 19-1 所示。

（1）智慧供应链的关键技术

感知、大数据、云计算、可视化、移动互联和导航定位等技术在供应链中的应用有效促进了智慧供应链的快速发展。

① 感知技术能够帮助智慧供应链获取 IoT 系统中的物体标识和位置信息。

② 大数据技术能够为智慧供应链中的企业提供海量数据资源，进而达到优化企业管理的目的。

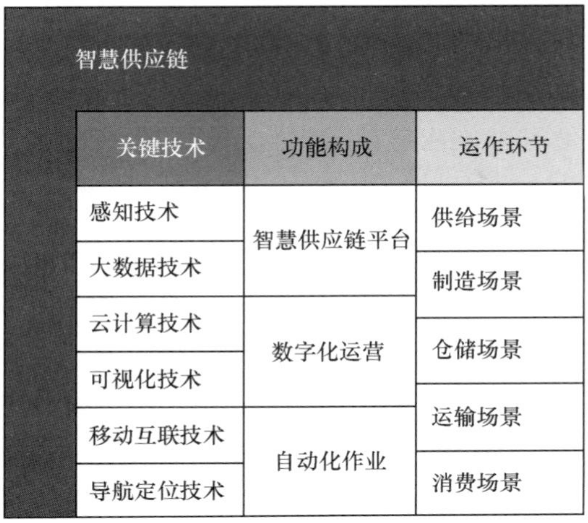

智慧供应链		
关键技术	功能构成	运作环节
感知技术	智慧供应链平台	供给场景
大数据技术		制造场景
云计算技术	数字化运营	仓储场景
可视化技术		
移动互联技术	自动化作业	运输场景
导航定位技术		消费场景

图 19-1　智慧供应链的内涵

③ 云计算技术能够利用网络资源提升智慧供应链的计算能力。

④ 可视化技术能够将数据转换成图像呈现在屏幕上，以便企业理解原始数据，同时也可以加快实现智慧供应链全流程可视化。

⑤ 移动互联技术能够通过融合移动通信技术和互联网技术的方式将终端接入网络，便于智慧供应链采集信息。

⑥ 导航定位技术能够精准定位智慧供应链中的物体，进而优化智慧供应链管理，提高供应链的运输效率和智能化程度。

（2）智慧供应链的功能构成

智慧供应链主要由智慧供应链平台、数字化运营和自动化作业构成。

智慧供应链平台是指在供应链创新的基础上发展而来的数字化、智能化网络平台，它融合了供应端、消费端和仓储配送网络，能够有效提高供应链的透明度和协同性；数字化运营是指智慧供应链上的企业在管理体制和管理模式方面的革新，它能够以数字化的方式集成企业的各项要素，进而构建一个相互支撑的价值体系，为企业实现高效经营提供保障；自动化作业能够通过自动检测等多种现代化技术手段降低人员在产品生产和企业管理等环节的参与度，提高机器设备和系统的自动化程度，进而达到解放劳动力和提升生产力的目的。

总而言之，智慧供应链平台能够为智慧供应链的计算和决策提供方便；数字化运营能够帮助智慧供应链精准量化和预测供货量、供货价格、仓储量、入仓位置和用户偏好等信息，提高智慧供应链在仓储、运输和企业经营等方面的智能化程度；自动化作业能够帮助智慧供应链降低人力成本，实现高效作业。

（3）智慧供应链的运作环节

智慧供应链是一个连接了供给、制造、仓储、运输、消费等各个场景的完整链条，主要包括智慧采购、智慧物流、智慧消费等环节。

① 供给场景：智慧采购可以利用大数据技术分析和预测消费者的需求，从而帮助智慧供应链上的企业全面了解消费者的需求，并根据消费者的需求安排原材料供给，进而高效满足生产制造对原材料的需求。

② 制造场景：利用新兴技术升级生产工艺和生产管理方法、优化产品，进而达到提升产品品质的目的。

③ 仓储场景：智慧仓储进一步提高了库区设计的合理性、舱内作业的自动化程度、仓储设备和仓储管理的智能化程度、运营和管理方案的共享性和一体化程度。

④ 运输场景：智慧运输可以利用定位导航技术、识别技术、路径优化技术等多种技术手段提高路径规划的智能化程度，从而缩短车和货的匹配时间，提高数据回传的效率和准确性，降低运输成本，增强数据的透明度，使供应链实现高效运输。

⑤ 消费场景：智慧消费可以打破线上消费、线下消费和物流运输三者之间的"信息壁垒"，实现对产品生产、产品流通、产品展示、产品营销、产品销售和售后服务等各个环节的完善和优化，进而革新消费场景，将新零售、无人店、无人货架、跨境电商和全息体验店等现代化的消费场景和消费模式融入供应链，为消费者提供更多全新的消费渠道。

智慧供应链在智能制造领域的应用

随着社会经济的发展，现有供应链模式将会发生根本性变革。从原来的"工厂生产什么，消费者就买什么"转变为"消费者需要什么，工厂就生产什么"，由此带来研发、供应链协同、批量制造策略和生产计划等模式的根本变化。智能制造与智慧供应链的深化发展，使制造领域的整体制造工艺、制造水平和劳动生产率显著提升，创新技术和科学解决方案快速落实。生产力的进步将带动相关行业、产业价值增长，为企业带来收益增值；同时，生产制造将向着环境友好的方向发展。

智慧供应链是实现智能制造的必要条件和重要基础，它可以为原材料、产品的按期交付和精益制造提供保障。智慧供应链在智能制造领域的应用场景如图 19-2 所示。

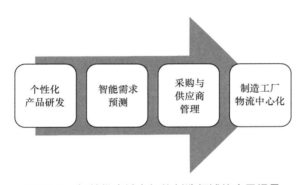

图 19-2　智慧供应链在智能制造领域的应用场景

（1）个性化产品研发

个性化产品的研发规划需要大量的市场数据、消费偏向数据、同类行业数据等统计数据作为支撑，因此要努力推进研发、产品、业务等方面的数字化。同时，个性化的产品除了要符合基本产品规范，还要具备可制造性、可流通性等特点，相关产品负责人必须站在全价值链的高度并结合数字化手段进行思考和决策，使产品满足消费者的需求。例如，在汽车的研发过程中运用 3D 模型等虚拟化技术，对汽车在异常情况中的性能表现进行测试；在正式进行撞击测试前，可以利用数字化系统多次模拟撞击结果，从而降低整车的损耗，同时可以根据模拟结果改进试验方法，提升研发、测试的效率。

另外，个性化产品研发要求研发团队具有统筹全产业链信息资源的能力，综合市场需求、生产制造计划等因素制定合理的产品设计方案，与后续的智能制造、智能物流等环节高效协同，为消费者提供高质量、高效率的定制化产品服务。

（2）智能需求预测

智慧供应链中的需求预测是在大量数据采集和信息整合的基础上进行的，通过智能算法模型，并结合大数据分析，可以实时感知和掌握市场、行业动态，从而高效获取较为科学的需求数据。这一模式也对相关从业人员的工作能力提出了新的要求。

智慧供应链基于强大的数据网络，建立了一套较为完整的、跨企业的智能预测机制和规范化的资源计划工作流程，各方能够通过信息共享平台及时掌握相关的需求信息。同时，需求预测可以从供应链的任意环节发起，例如，上游供应商可以评估用户发起的需求预测，用户也可以根据供应商的基本预测调整采购计划。

（3）采购与供应商管理

智能化采购活动需要在供应链协同机制的基础上有序进行。各个部门或环节可以看作整体供应链上的一个数字化单元，相关指标可以从供应链的协同需求分解而来。在供应链协同机制的引导下，计划、执行、信息流、物流等要素将被充分整合，并形成科学、高效的端到端纵向管理体系；同时，供应链运作部门需要厘清物料、订单、人力等要素的横向联系，促进相关资源的协同。最终，形成横向、纵向高效互联，各作业单元紧密配合的供应链体系。

采购方与供应商双方可以共同建立信息实时共享平台，以实现采购需求与供应计划的高效对接。例如，作为采购方的智能工厂可以通过平台，将其生产计划或相关物料的需求预测直接传递到供应商的计划管理系统，供应商的发货和运输计划也可以实时同步到采购方的作业计划管理系统，不需要人工干预。另外，从出库、运输到交付全过程的条码化（如引入 RFID 技术）有助于规范相关作业流程。

（4）制造工厂物流中心化

按质、按量、按期交付是个性化产品制造任务的首要使命，而智慧物流是实现这一使命的必备条件，制造工厂物流中心化，有助于从物流管理方面推动产品交付的效率。

个性化定制产品的生产一般具有多品种、小批次的特点，生产物料和产品的运输适宜采用移动灵活、按需对接、可实时监控管理的精准运输策略。例如，AGV 可以实现从收货区到存储中心再到生产车间或具体工位的连续运输，自动将相关货物运输到目的地，在收货区、仓库等区域配置通过式检验设备和智能堆垛机、智能装卸机等自动化设备。

 智慧供应链的优势与面临的挑战

我国正大力推动智慧供应链在各个领域的发展和应用，2022 年，工业和信息化部、商务部、国家药品监督管理局、国家知识产权局、国家市场监督管理总局联合发布《数字化助力消费品工业"三品"行动方案（2022—2025 年）》，大力支持互联网、数字技术与制造业融合发展，鼓励制造业企业不断提升自身的创新能力。物流产业相关配套政策措施的持续完善，为物流行业的健康发展提供了保障，为企业参与供应链创新提供了保障。

（1）智慧供应链的主要优势

智慧供应链具有技术渗透性强、信息整合能力强、协作性强、延展性强、可视化和移动化程度高等特点。

① 智慧供应链中融合了互联网、IoT、AI 等技术，供应链的管理者和运营者可以通过各种技术提高智慧供应链的工作效率和工作质量。

② 智慧供应链能够利用智慧网络高效采集和集成大量供应链信息，避免各系统之间出现异构问题，促进供应链各环节之间的信息共享。

③ 智慧供应链中的企业可以通过信息共享来加强对各方成员的了解，以便在充分掌握各方信息的基础上提高自身在面对变化时的灵活性，从而进一步加强供应链各环节之间的协作。

④ 智慧供应链可以利用智慧信息系统提高企业沟通交流的实时性，从而防止出现信息不对称的情况，在保证绩效水平的同时提高供应链的延展性。

⑤ 智慧供应链可以利用可视化技术来呈现数据，并通过移动数据访问系统来访问相关的数据。

（2）智慧供应链面临的挑战

① 技术层面的挑战。智慧供应链是一种在传统供应链中融入智能信息网络技术的全新供应链。智慧供应链的发展离不开云计算技术、传感器技术等多种技术的发展和应用，但目前我国的相关技术水平还有待进一步提高。

② 安全层面的挑战。智慧供应链支持基础设施、自然资源等在区域、国家乃至全球范围内实现全面互联，而资源的全面互联有助于部分跨国企业在全球范围内获取所需的资源。就目前来看，我国需要进一步提高智慧供应链的安全性和可靠性。

③ 力度层面的挑战。虽然大量城市将智慧城市建设纳入城市发展的规划中，并十分重视 IoT 产业的发展，但部分城市可能会出现 IoT 产业发展过热的现象。

④ 人才层面的挑战。智慧供应链的长期健康发展离不开专业技术人才的支撑。在实践方面，许多企业存在供应链人才培育意识不足等问题，这限制了智慧供应链的发展。

我国智慧供应链建设的创新路径

我国在信息技术领域的起步较早、发展状态较为稳定，这为我国实现供应链的智能化转型提供了强有力的技术支撑。具体来说，我国若要实现从传统供应链向智慧供应链的转型，就必须深度把握智慧供应链的本质和内涵，并制定明确的智慧供应链发展战略，规划供应链发展路径，提高我国智慧供应链的特色化和个性化程度。

（1）转变企业思维

智慧供应链对协同性有着极高的要求，因此，智慧供应链上的企业需要找准自身的核心优势和在整个产业链中所处的位置，利用外包或生态伙伴合作等方式来将一些被边缘化、薄弱化的环节转让出去，充分做到扬长避短，从而最大限度地发挥自身的核心竞争力。同时，智慧供应链上的企业应充分利用供应链上的其他企业，加强与供应链上下游企业之间的交流和合作，提高风险防范意识和能力，构建合理的利益分配格局。

（2）开发供应链上游

供应链上游通常负责设计、供应原材料和生产制造等，而供应链下游通常负责分销、零售、广告营销和触达消费者。现阶段，大部分企业对供应链下游的消费者的重视程度较高，但忽视了供应链上游智能化升级的重要性，导致供应链下游与上游发展不同步。

由此可见，供应链上游存在巨大的发展空间，企业可以加大在供应链上游的产品设计、产品开发、原材料采购、生产控制、货物配送、货运代理、产品批发、增值服务、供应商合规等方面的发展力度的同时，加强对策划、生产和物流等环节的成本控制，提高开发产品的速度，从而充分满足市场需求，达到降低库存和增加销售机会的目的。

在生产环节，企业通过使用通用性高的零部件、可得性强的原材料及易于生产的工艺来提升自身的市场竞争力；在物流环节，企业通过优化产品包装材料的方式减少产品运输所占的空间，同时降低产品的破损率，为货物运输提供方便。

（3）抢占技术高地

技术是支撑智慧供应链落地的重要因素，新一代信息技术在物流领域的应用能够革新生产营销模式，推动营销模式由销售产品向销售服务转型，同时，提高了产品和服务内容的个性化和定制化程度，能够针对各个消费者的实际需求为其提供专属的产品或服务。由此可见，消费模式的变化不仅会改变企业的营销模式，同时也会激发潜在的市场需求，推动智慧供应链创新发展。

我国的智慧供应链将以信息化为基础，加强对新一代信息技术和现代化管理模式的融合和应用，打破供应链上下游企业之间的"信息壁垒"，提高供应链上下游的协同性，构建相互促进、互利互惠的供应链生态系统，并为供应链管理和供应链运营提供系统化的指导。

第 20 章　AIoT 驱动下的物流供应链管理变革

 ## AI 驱动下的物流供应链转型

基于 AI 的智能系统和智能设备具有与人类相似的判断能力和反应能力，能够完成一些需要人类智能去完成的具有一定复杂性的工作。AI 与大数据技术、互联网技术息息相关，同时还具有开源的特点，能够为物流供应链上的企业提供多元化、精准化、高效化的供应链管理方案，助力企业实现智能化的供应链管理。

AI产业的技术架构

AI 产业的技术架构主要包括基础层、技术层和应用层，AI 产业的技术架构如图 20-1 所示。

（1）基础层

AI 产业技术架构的基础层主要包括硬件设施、软件设施和数据资源。其中，硬件设施主要包括智能芯片和 GPU 等加速硬件；具有代表性的软件设施有谷歌等大数据平台和百度等智能云平台；数据资源主要包括通用数据和行业数据，但大多数已经积累丰富数据资源的大型互联网企业通常不会与其他企业共享数据，因此第三方数据提供企业应运而生，这些企业为缺乏数据资源的企业提供数据服务。

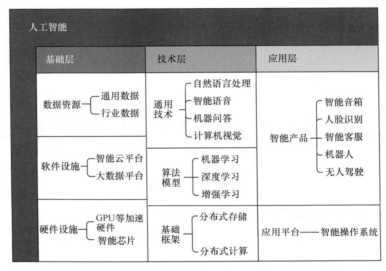

图 20-1　AI 产业的技术架构

（2）技术层

AI 产业技术架构的技术层主要包括基础框架、算法模型和通用技术。其中，基础框架与软件设施有一定的映射关系，主要包括分布式存储和分布式计算。算法模型主要包括机器学习、深度学习和强化学习，苹果智能语音助手和电子不停车收费系统都是通过机器学习的方式实现的 AI 应用，机器学习是实现 AI 的方式，而深度学习和强化学习都属于机器学习。通用技术主要包括自然语言处理、智能语音、计算机视觉等，在现阶段，我国在各类 AI 通用技术的研究和应用方面已经取得一定的成效。

（3）应用层

AI 产业技术架构的应用层可分为应用平台和智能产品。其中，应用平台主要包括各种智能操作系统，例如，安卓、鸿蒙、iOS 等；智能产品是指各类融合了 AI 技术的智能化设备和装置，例如人脸识别、智能客服、无人驾驶等。

随着 AI 技术的广泛应用，我国 AI 产业技术架构的应用层发展十分迅猛，就目前来看，应用层中的各类应用平台和智能产品已经在零售、金融、电商、安保、教育等多个行业中发挥作用，与各个行业互相促进，赋能各个行业高质量发展。

基于AI的物流供应链管理

AI 技术的快速发展和应用为物流企业带来了转型发展的机遇。未来，物流供应链领域将会在 AI 技术的支持下向智能化方向发展。

在基础设备方面，物流供应链领域的物理与基础设施，以及生产工具将逐渐转向智能化。近年来，智能机器人、无人驾驶车辆等智能设备的应用越来越广泛，这些智能设备的应用能够在大幅提高工作效率的同时降低人力成本。因此，物流企业需要重新分配各项生产要素，并使用新的智能化的物流基础设施和生产工具代替人来完成各项工作，从而达到提高劳动生产率和减少人力成本支出的目的。

在运作流程方面，物流企业需要充分发挥 AI 技术的作用，通过重构物流运作流程的方式来增强物流供应链的运作能力，进而实现提升供应链运作流程的整体效率的目的。

传统的物流运作流程是企业使用交通工具将产品从生产车间运输至配送中心，配送中心再将产品送至消费者手中。而融合了 AI 技术的物流运作流程可以利用智能计算技术将整个流程划分为多个互相连接、同步运作的板块，每个板块都可以利用装配智能芯片的运输车来运输货物，同时，该运输车还连接着各个区块中的功能点，能够高效计算各项物流数据并做出决策。AI 技术在物流供应链中的应用能够大幅提高物流运作流程的自动化程度，同时，有助于实现分布式计算和分布式存储，充分确保物流运作流程各环节的高效性和精准性。

AI 在物流供应链管理中的应用

建立在大数据基础上的 AI 具有较强的技术应用能力，能够通过在各个行业中应用机器视觉、模式识别、自动规划等方式推动这些行业快速实现智能化转型。AI 技术在物流供应链领域的应用能够改变物流企业的仓库选址方式、库存管理方式、仓储作业方式、运输配送方式和物流数据分析方式，为物流企业的各项业务活动实现智能化提供强有力的支持。

（1）智能仓库选址

传统的仓库选址方式受自然环境因素的影响大，难以确保运输的经济性，未能全面综合考虑多方因素等，无法帮助企业找出最佳的仓库地址。

基于 AI 的智能仓库选址能够采集、分析生产商位置、供应商位置、仓库建设成本、仓库运营成本、市场竞争情况、国家政策等信息，并优化和完善分析结果，以便制订出行之有效的仓库选址方案，选出有助于企业长期发展的仓库建设位置，并达到降本增效的效果。

（2）智能库存管理

传统的库存管理主要由人来管理书面记录的库存信息或人工录入的电子档案，这种管理方式对人的依赖性较强，且无法实时动态管理库存量、库存种类、产品储位、存放时长等信息，不利于企业高效管理库存信息。

基于 AI 的智能库存管理可以充分发挥大数据、IoT、可视化等技术的作用，实现仓库信息在网络中实时同步更新和仓储数据快速读取，以便企业减少货物库存，降低仓储成本，并提高库存管理的安全性。

（3）智能仓储作业

与传统的仓储作业方式相比，基于 AI 的智能仓储作业具有货物储运集装化、仓储作业自动化和作业管理智能化的优势，具体如下。

① 在货物储运方面，智能仓储作业中的大多数货物能够实现标准化、单元化的点到点运输和存储，这有效简化了货物储运环节，提高了货物的周转效率。

② 在仓储作业方面，智能仓储作业可以使用智能搬运机器人、自动分拣机、智能拆码垛机器人、智能安防巡检车等多种自动化设备完成整个流程中的各项工作，这既能有效提高仓储作业的效率和安全性，也能帮助企业减少在人力方面的成本支出。

③ 在作业管理方面，智能仓储作业能够利用智能算法提高各项智能化设备之间的协同性及各项设备应对突发状况的能力，进而为仓库实现高效运作提供充分的保障。

（4）智能运输配送

与传统的运输配送方式相比，基于 AI 的智能运输配送具有运输路线规划合理和配送设备智能化的优势。

具体来说，一方面，智能运输配送可以借助路径优化算法和调度算法等多种智能化算法实时动态规划运输路线，提高运输路线的科学性和合理性，以便货物运输人员及时应对运输过程中出现的各类突发事件，高效处理配送过程中出现的问题。例如，美团外卖的及时配送智能系统能够实时采集和分析配送路径的相关数据，并根据分析结果为外卖员提供最佳的配送路径方案，同时，也能通过互动来帮助外卖员解决配送途中遇到的难题，以便实现高效配送。

另一方面，智能运输配送可以利用无人配送车和无人配送机等智能配送设备来实现自动接单、自动配货和自动运输。例如，顺丰的方舟无人配送机和京东的 3.5 代配送机器人感知能力强，能够精准感知外部环境，并代替人力高效完成货物配送工作，帮助企业节约人力资源。

（5）智能追溯

以 AI 和 IoT 为技术基础的智能追溯能够连接从产品生产到售后服务的整个过程中的所有环节，并广泛采集各个环节中的物流信息和产品信息，打造一条完整的信息链，以便用户查询产品的来源和去向。不仅如此，众多信息链互相连接还能够构成蕴藏大量数据的信息网，供应链物流产业中的企业可以从信息网中获取所需的历史数据，并以这些历史数据为参考制定发展战略，从而充分确保战略的可靠性，为产业未来的发展打下良好的基础。

总而言之，AI 在供应链物流领域的应用能够有效提升物流的运作效率，强化物流供应链中企业的物流服务能力，为这些企业优化物流服务和提升用户满意度提供强有力的支撑。

 ## AI 供应链物流的问题与对策建议

（1）AI 供应链物流领域中存在的问题

① 各地区的智能化发展程度不平衡。我国东南沿海地区的智能化物流和供应链产业的发展速度较快，而中西部地区的发展速度较慢，导致我国的供应链物流产业呈现东西部智能化发展不均衡的情况。

② 智能化技术应用不足。部分传统企业缺乏对智能物流和智能供应链的深入了解，并未积极推动智能化转型工作，也未组织专业化、系统化的员工培训活动，因此，企业和员工均缺乏智能化技术应用的能力，难以将各类智能化技术充分应用于物流供应链。

③ 各个信息管理体系之间存在"信息壁垒"。在物流供应链领域，我国还未建立统一的信息管理相关标准，因此，各个信息管理体系之间存在信息资源分散、信息不对称等问题，难以进行有效的信息交流和信息共享。

④ 高端综合人才缺口巨大。智能供应链物流产业对同时掌握物流、供应链和网络技术等专业知识的高端复合人才的需求较大，目前，智能供应链物流产业的人才急缺。

（2）对于 AI 供应链物流领域发展的建议

① 平衡不同地区的智能化发展，促进资源共享。一方面，要加大对智能化发展程度较低的地区的支持力度，大力支持这些地区建设供应链物流产业基础设施；另一方面，应确立智能化行业标杆，鼓励大中小企业共享物流与供应链资源，并就此展开合作，实现多方共赢。

② 大力推进智能技术在供应链物流领域的应用。一方面，企业应深刻认识

到创新和改革的重要性，充分发挥大数据等技术的作用，积极推进智能化转型工作；另一方面，企业应加强员工培训，通过培训让员工掌握更多的智能化专业知识和技能，进而达到提升智能化转型速度的目的。

③ 制定统一的物流供应链标准。我国应建立健全物流供应链相关的法律法规，并设置专门的供应链物流管理部门，提高供应链物流与管理的专业化和标准化程度，为物流与供应链相关信息以及资源的交流和共享提供支持。

④ 加大复合型人才的培养力度。一方面，我国应鼓励各高校设置智能化物流与供应链相关的专业，培养该领域的人才，并支持各高校加强校企合作，为该专业的学生提供更多的实践机会，让学生在各项实践活动中提升自身的知识运用能力，以便未来进入智能供应链行业后能够迅速胜任自身的岗位；另一方面，我国应加大在人才培养方面的投资力度，为各高校培养智能物流与供应链领域的高端综合人才提供资金层面的支持。

综上所述，AI 在技术层面为大数据、IoT、云计算等新一代信息技术在供应链物流领域的融合应用提供了支持，同时有效提高了供应链的智能化、信息化水平及运作效率，为供应链物流产业的智能化转型提供了助力。就目前来看，我国的供应链物流企业应充分发挥 AI 等技术的作用，通过智能化技术的应用来提高物流与基础设施和生产工具的智能化程度，驱动供应链物流运作流程实现智能化转型。与此同时，还要构建标准化、统一化的智能供应链物流体系，促进资源共享，并加强对综合型智能专业人才的培养，大力推动 AI 与供应链物流的融合，为双方实现互相促进、协调发展提供支持。

IoT 在物流供应链管理中的应用

供应链管理以信息共享的方式构建协同关系，并在此基础上优化供应链。IoT 能够利用多种设备和技术实现物与物、物与人的泛在连接，并广泛采集和传输各类数据信息。IoT 在供应链中的应用能够为供应链的发展提供助力。IoT

在智慧供应链管理中的应用如图 20-2 所示。

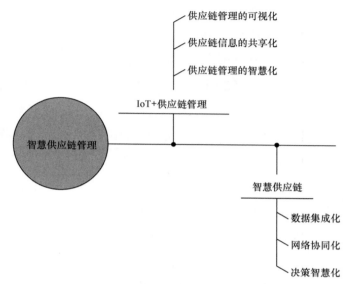

图 20-2　IoT 在智慧供应链管理中的应用

具体来说，一方面，借助 IoT 技术及相关设备，能够采集并传输物流运输设备的状态、货物运输情况等信息，实现物流信息共享，为物流企业实时掌握货物和物流设备的现状提供帮助，同时，也能有效提高上下游企业的生产效率、减少成本支出，促进上下游企业实现多方共赢；另一方面，IoT 技术能够在平台中集中整合大量物流信息，并充分发挥大数据技术的作用，通过数据分析等方式进一步优化运输路线和配载方案，提高物流运输管理工作的智能化程度，充分确保物流运输管理的有效性、可控性，达到优化物流服务的目的。由此可见，为了优化强化供应链管理能力，我国需要加大对 IoT 与供应链融合应用的研究力度。

（1）基于 IoT 技术的智慧供应链

基于 IoT 技术的智慧供应链管理的特点如下。

① 数据集成化。数据集成化的特点主要体现在智慧供应链具有融合 IoT、传感器、RFID、GPS 等技术和设备的数据实时采集系统，能够以组网的方式连

接 IoT 终端的各个传感器，通过传感器完成对各项数据的采集工作，并将采集的数据通过数据传输网络传送至主控单元，实现从数据采集到数据传输过程全面自动化，大幅提高供应链的运营效率，进而为实现对整条供应链的实时跟踪、监控和管理提供技术层面的支持。

② 网络协同化。网络协同化的特点主要体现在智慧供应链上的各个企业之间及企业内部的各个部门之间的信息集成和信息共享方面，智慧供应链可以利用 IoT 技术跟踪、监控、管理处于物流环节的物品，并将通过 IoT 获取的相关数据共享给处于供应链中的所有企业，以便各个企业参考供应链各环节中的各项相关数据信息、了解市场需求，对未来一段时间内的市场需求变化做出精准、及时的预测，进而提高企业在生产加工环节决策的科学性、合理性和有效性，让企业避免因生产安排不合理而堆积大量库存，同时，达到控制企业经营风险的目的。

③ 决策智能化。决策智能化的特点主要体现在 IoT 在供应链中的应用能够大幅提高物流供应链管理的精准性、高效性、智慧性和可控性方面。

具体来说，IoT 等智能化技术的应用为整条物流供应链上的企业提供了优化业务流程、提高服务水平、增强精益管理和提升调度决策的智能化程度的技术手段，同时，高清摄像头、传感器等设备也能够对物流供应链进行全方位、全流程、可视化监控，RFID 技术的应用为质量监控和信息回溯提供了方便，大数据技术的应用也有助于物流供应链上的企业实现自动高效采集、分析、处理数据。由此可见，智慧供应链具有智能信息处理和智能服务决策的能力，能够全方位地感知和控制整条供应链，进一步提高自身在决策方面的智能化水平。

（2）IoT 技术对供应链管理的影响

IoT 技术在供应链中的应用革新了供应链管理方式，使供应链管理主要呈现以下 3 种变化。

① 供应链管理的可视化。RFID、二维码、电子标签等 IoT 技术能够实时采集和监测供应链各环节中各项产品的动态信息，确保产品的可追溯性，并借助信息平台实现信息共享，进一步提高整条供应链的可视化程度，为产品质量

提供充分保障，提高企业在市场中的信誉和形象，最大限度发挥供应链管理的价值。

② 供应链信息的共享化。IoT 技术能够实时采集和传输供应链各环节的信息，有效避免数据采集不及时等导致的数据失真问题，充分确保数据采集和数据流动的高效性和有效性。由此可见，供应链管理可以借助 IoT 技术来实时传输各个环节中的数据，实现信息共享，进而提高整条供应链的信息化程度，增强对供应链各环节管理的协同性。供应链上的企业可以及时通过实时的数据信息来了解用户当前的实际需求，并精准预测市场需求，降低库存和减少成本。

③ 供应链管理的智能化。IoT 能够实现物与物的连接，为物与物之间的信息交换提供技术层面和网络层面的支持，同时供应链也可以借助 IoT 来提高自身的自动化水平，降低人力的参与度，避免人为失误，并减少在人力方面的成本支出。

智能化的物流供应链系统能够利用数据采集、数据挖掘、数据分析等技术实现对供应链中各项数据的采集、分析和智能化处理，并将数据分析的结果快速传输至设备采集器和节点中，在控制方面实现闭环。此外，供应链还可以利用这些信息来提高自身的智能化水平，借助对各项数据的分析来自动联动多个系统并启动防护预案，积极应对各类突发事件，最大限度地降低突发的灾害等对整条供应链的影响，并提高自身的自动修复能力，推进供应链管理走向智能化。